高橋フィデル 著

書／谷 正風

もくじ

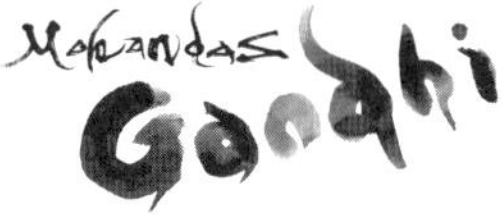

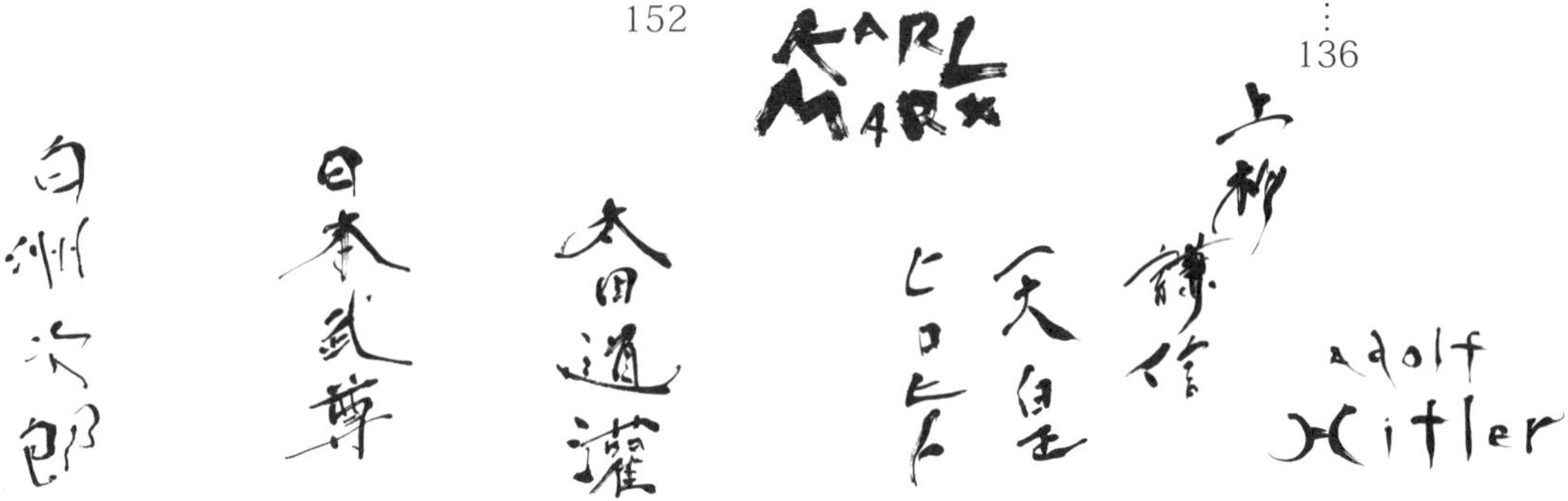
adolf Hitler
KARL MARX
上杉謙信
天皇ヒロヒト
太田道灌
日本武尊
白洲次郎

この世に生を受けたこと
それ自体が
最大のチャンスではないか

アイルトン・セナ

1960－1994

ブラジル人のレーシング·ドライバー。
F1 世界選手権において、1988 年·1990 年·1991 年と、
計 3 度ワールドチャンピオンを獲得した。

どんな苦境も乗り越えられるセナの言葉

周りの人から走り方が危なすぎると言われた男であった。亡くなったのが１９９４年のサンマリノグランプリ、イモラ・サーキットでの事故であった。

予選から度重なる大クラッシュが続く中（この時のサンマリノグランプリは予選の段階から死亡者が出ていた）での決勝６週目に時速３１０キロというとてつもないスピードでコンクリートの壁に激突。瞬間マシンの左フロントのサスペンションが破損してヘルメットを直撃するといった大事故が起きた。

「コックピットから出し、ヘルメットを脱がすと気道を確保した。応急処置を施すものの、私は こう確信した。頭に致命傷を負ったと……。そして彼は息を吐き彼の身体から力が抜けた。その瞬間だ、私は信心深くないが彼の魂が肉体を離れたと感じた。」（Ｆ１ドクターシド・ワトキンス）

その後、ボローニャの病院に運ばれた後、死が伝えられた。

死ぬことが恐いのではなく、いま生きていることが彼にとって素晴らしいことであった。

「この世に生を受けたこと。それ自体が最大のチャンスではないか」

I myself　happened to born in this world.
This should be the rare and magnificent chance for all.

当時のブラジルはまだまだ発展途上にあった。貧富の差があり、危険な場所もたくさん存在した。彼の言葉は、自分の人生を卑下しているストリートチルドレンたちに対して言われたものであった。

「そんなに不幸だといわなくてもいいじゃないか、今の世の中に命を授かったこと自体がラッキーなんだ」

と子どもたちにメッセージを残した。

彼自身ブラジル国内において長い間ストリートチルドレンの救済を行っていた。

「アイルトン・セナには小さな問題があった。彼は神を信じているがゆえに、自分は死なないと思っていた。それは他のドライバーにとって、とても危険だった」

と言った盟友アラン・プロストに対しては、

「生まれてきたことに対しての喜びがあるのだから、これからどうなろうがかまわない」

と言ってのけた。ここにセナは2つのメッセージを込めていたのである。

この日、セナは予選を走り終え、決勝に出るのが恐いと彼女に言っていたほどサーキットコンディションはよくなかった。

通算161戦41勝、ワールドチャンピオン3回、ポールポジション65回、ファーステストラップ19回の音速の貴公子と呼ばれたセナは世界中の英雄であった。彼の言葉がいつまでも残っているのは、スポーツ選手（中でもレーサー）にありがちな自己中心的な人格ではなく、離婚もしたが彼女を大切にする姿勢やストリートチルドレンの救済などを率先して行う人格的に優れた人であったからであろう。

マーケッテング的に言うなら、どの経営者も必ず苦境に陥ることがある。スティーブ・ジョブス亡き後のアップルも苦境であった。サムスンもウォン高で危なくなっている。トヨタでさえ裁判で叩かれたことがある。経営者であればそこで負けてしまうのではなく、どんなに苦境になっても生まれてきたこと事態が最大の幸せだと思えるポジティブな気持ちが必要なのだ。どんな不幸な状況でもセナの言葉さえ知っていれば生き返ることができる。

彼が亡くなったのは5月1日、ブラジルでは元々労働者の日という休日であったが、いまでは、セナが亡くなった日として、交通安全の日という休日になっている。そして、いまでも墓のあるモルンビー公園墓地には人の流れが止まらない。現地に行くとブラジル中から愛されたということが肌で感じられる。

彼の遺体がサンマリノからブラジルに運ばれたとき、ブラジル空軍の戦闘機がセナの乗っているダグラス社の旅客機を大西洋まで迎えに行き、護衛をしながらサンパウロに降り立った。その時、市民100万人が彼の亡骸を迎えた。

いまでは、サンパウロからリオディジャネイロに向かう高速道路はアイルトン・セナ高速道路と呼ばれ、ブラジルのサーキットに向かう道もアイルトン・セナ通りと呼ばれている。

そしてスラム街の子どもたちに対する取り組みはアイルトン・セナ財団という形で残っている。問題は子どもたちが靴磨きや清掃で得る収入よりも物乞いで得られる収入のほうが大きいということ。そのためストリートチルドレンのギャング化が進んでいた。そこで、セナ財団では、セナの意思を引き継ぎ、スープ工場と提携して1ヶ月に1万3000人から2万人の子どもたちにスープを配ったり、コンピューター技術を教えるなどして非行少年の更生を進めている。

セナが残した、生まれてきたことが最大のチャンスという考え方は、当たり前だが、そこには感謝の気持ちがあふれている。この感謝の気持ちを持たないと人は自分にも利益を得るパスポートは得られないであろう。セナが亡くなった後の第四戦、モナコグランプリでは、ポールポジションのスペースがセナのために空けられ、そこにブラジル国旗がペイントされた。これまで、亡くなった後にポールポジションを取ったのは彼だけである。

アイルトン・セナは、最大のチャンスはだれにでもあることを伝えた
勇気ある音速の貴公子であった。

生は死から生じる
麦が恵むためには
種子が死なねばならない

マハトマ・ガンディー

1869 ― 1948

インドのグジャラート出身の
弁護士、宗教家、政治指導者。
インド独立の父。

イデオロギーを超えた目標を掲げよ

マハトマ・ガンディーは、「インド独立の父」として世界的に知られる人物である。南アフリカで弁護士の仕事の傍ら公民権運動に参加、その後、インドの独立運動を指揮。民衆暴動ではなく「非暴力、不服従」によってインドの独立に成功し、この思想は、植民地解放運動や人権運動における平和主義的手法として、世界に大きな影響を与えた。

「生は死から生じる　麦が恵むためには種子が死なねばならない」

命の連鎖の中では種が死んでいかないと次の命が生まれない。これは、これまでの辞世の句と違った観点である。通常、この世に対しての未練や思いを述べた句が多いのだが、ガンディーの言葉の中には死ぬことに意義があり、次に生きるための死であることを暗示している。

このような思想は仏教観でもキリスト教観でも類を見ない。

私たちは死と生の物語を生きている。成長するということは自分のある面が死んで、新しい面が芽生えることである。人が生き続けるためには、自分そのものの死を恐れてはならないという考え方だ。自分の死を恐れないことは、すなわち強く生きることだというのは、ビジネスの世界にも当てはまることである。生き延びることに対しての過去の栄光にしがみつくことによって、結果死んでいった会社もある。

たとえばコダックなどがいい例である。感熱フィルムにこだわったがために時代についていけなかったことは誰もが知るところだ。

「いまある自分を殺せるか、そして次の種を撒くことができるか」

という考え方は何事においてもすばらしい考え方といえる。

成功した例で言うと、日本の京都セラミックという会社がある。ここは、元々歯のセラミック会社であったが、その在り方を捨て去らないとNASAの宇宙船の外壁にも使われている別の型のセラミックは発想できなかったであろう。このように元の自分を殺して次の自分が生まれてくることを考えないとビジネスでは生き残れない。常に自分の在り様を殺せるかというところがポイントになる。

ガンディー の正式な名前は、モハンダス・カラムチャンド・ガンディー。

マハトマというのは「偉大なる魂」という彼の呼び名で、インドの詩聖タゴールから送られた尊称である。また、インドでは親しみをこめて「バープー」（父親の意味）とも呼ばれている。生涯5回のノーベル平和賞の候補になるが受賞には至っていない。また、ガンディーの誕生日にちなんで、インドでは10月2日をガンディー 記念日とし、国民の休日となっているだけでなく、２００７年の国連総会では、国際非暴力デーと決められている。

イスラム教やキリスト教など、対立するものすべてを排除していくといった考え方も一理あるが、ガンディー のように対立するものすべてを取り込んでいくという考え方を持つのはインドならではのことである。インドは元々ゼロという概念を発明した国。ゼロは何を掛けてもゼロである。ゼロからのスタートというものの考え方は、無にするというビジネスの世界でも欠かせないものといえる。


ガンディー は、南アフリカで弁護士として活動する傍らで公民権運動を興し、帰国後にインドのイギリスからの独立を指揮した。その形は民族の暴動という革命という形とは違い、非暴力・非服従といったものであった。これは、無抵抗主義とも違い、暴力は振るわないが服従もしないというものだ。この行為は服従ということに対してしっかり抵抗していることに注目してもらいたい。その考え方でインドを独立に導き、やがてイギリス帝国は崩壊し、連邦となってしまった。

そして、マーティンルーサーキングやダライラマも ガンディー を見習ってその考え方を継承している。

生い立ちは、イギリス領インド帝国、現在のグジャラート州の港町ポールバンダルで、ポールバンダル藩王国の宰相カラムチャンド・ガンディーの子として生まれた。成績も悪く、融通も聞かない子でヒンドゥー教なのに肉食を繰り返し、タバコにも手を出した。タバコを買うために召使の金品を盗んだりもしたという。後の世から考えられない人物であった。12歳でハイスクールに入学し、13歳で生涯の妻であるカストゥルバと結婚。18歳でロンドンに渡り法定弁護士の勉強をした。

1893年、イギリス領南アフリカ連邦で弁護士として独立。鉄道では、一等車の乗車を拒否されるなど強烈な人種差別を経験する。思想的にはインドの宗教的叙事詩・バガヴァッド・ギーターとロシアの小説家・レフ・トルストイの影響を受け、後の「非暴力・非服従」に至る前に「非所有」の生涯を決意した。いわゆる煩悩からの離脱であった。このことから、所有欲が暴力につながっていくというのがガンディーの考え方であることがわかる。

1913年にトラスバール行進を計画して投獄されたが、この罪に対しての不正を追求して、勝利を勝ち取り、釈放されるまで待った。この時、暴力は使わないが論理の展開で勝つという経験ができた。これ以降、ガンディーは、インドの独立運動の精神的な支柱となった。同じ独立運動家の孫文などとは異なり、むしろマリアテレサのような他人の尊敬をもたらし、それによって人がついてくる高潔なものを感じさせられる人物であった。

その後、1914年の第一次世界大戦では、イギリスはガンディーの立場を利用した。インド国民に対し、イギリス植民地軍への参加を促してくれれば、後にインドの将来の自治の手伝いをすることをガンディーに約束した。これを受けて、ガンディーは、インド国民に植民地軍に参加するように呼びかけた。結果、イギリスは勝利したがインドの自治は進まなかったのであった。

さらに、インド帝国政府は強圧的なテロ対策のローラット法を可決。これは、裁判なしに蛮行者を逮捕できる法であった。政府からするとテロに対していちいち逮捕状を取らずに即実行できる都合のいい制度である。このようにガンディーはイギリスとの約束をことごとく裏切られることになった。ここから本格的に非服従運動にのりきることになる。

ガンディーの成功のポイントのひとつは、キリスト教やイスラム教、ヒンドゥー教などすべてのイデオロギーが受け入れやすい非暴力・非服従といった高潔な目標値を立てたことにある。そこに宗教間の対立のない宗教融和されたひとつの国ができた。

このような誰もが受け入れやすい目標値をイデオロギーで作るのは多くの人を動かすには重要なことである。いま日本の会社が海外で工場を運営するのが困難であったりするが、それは相手の国の国民性など全体の宗教間を超えたイデオロギーの骨を作らないからである。経営者は日本人で、従業員は外国人であれば、ついていけないことも多くあるはずである。ガンディーのようなイデオロギーを超えた目標値の設定は、経営的な才能ともいえる。その後、第二次世界大戦でイギリスはまたしても勝利したが、イギリス軍は日本軍との戦いで弱っており、インドをコントロールする余裕はすでになかった。そのため、インドの独立を受け入れ、イギリス国王を元首に置く英連邦王国のインドとなり、１９５０年には共和制にし、イギリス連邦内の共和国となった。

ところが、ガンディーにとって不本意なことが起きた。インドとパキスタンで分離独立が進んでいったのである。ヒンドゥー教がインドに集まり、イスラム教がパキスタンに集まってきた。このことで宗教対立が始まった。ヒンドゥー教であるガンディーはパキスタン側の意見も取り込んでヒンドゥー教とイスラム教の間の政策を提唱していたが、ヒンドゥー教原理主義の人たちにとってみればよい印象はなく、結局、ヒンドゥー教原理主義民族義勇団のひとりに暗殺されることとなった。

悲しい結末であるが、彼は3発の銃弾を自らに受けた。その時に自らの額に手を当てた。これは、イスラム教のあなたを許すというポーズであった。享年78歳。

ガンディーの遺灰は、ヤムナー川とガンジス川、南アフリカの海に撒かれた。

亡くなってからもガンディーは我々に教訓を残してくれた。非暴力で一番重要なことは何か。それは、暴力を使わないということではなく、自分の中の臆病や不安を乗り越える自分であり続けること。自分が行ってきたことを新しく変えることに対して、自分の中の臆病さを乗り越えない限り新しい進化はないという重要なメッセージを後の世に伝えている。

さらに、真実に勝るものはない。真実があるからこそ、非暴力であることも我々は、学ばなくてはならない。


マハトマ・ガンディーは、真実こそが最も強いものであることを世界中に伝えた高潔な聖人であった。

曇りなき 心の月を 先だてて
浮世の闇を 照してぞ行く

伊達政宗（だてまさむね）

1567 ― 1636

出羽国と陸奥国の戦国大名。
伊達氏の第 17 代当主。
仙台藩初代藩主。

俯瞰で見る目を持つことで成功は手に入る

伊達政宗は、奥州という都から遠く離れていたために損をしている武将、伊達家第17代党首、仙台藩初代藩主であった。

彼が世に出て奥州をまとめたころには豊臣秀吉が天下統一を目指しており、それがゆえに自分が天下を取る状況ではなかった。後に、スペインなど海外との交易を望むという世界規模の視野を持っていたが江戸幕府の鎖国政策で世界貿易の夢もついえた。そのような不遇の人であったが時代は彼に注目した。

「曇りなき　心の月を　先だてて　浮世の闇を　照してぞ行く」

この句は、何も見えない真っ暗な中で月の光をたよりに道を進むように戦国の世の中を自分の信じた道をまっすぐに生きた。そんな人生だった、と詠んでいる。

幼少期から隻眼であったコンプレックスに始まり、敵のだまし討ちにより目前で実の父親を殺害されるだけでなく、母親は弟をかわいがり自分を毒殺しようとまででした。後に弟は　自らの手で殺さなくてはならない運命を背負った。そのような数奇な人生であった。

伊達輝宗と最上義守の娘・義姫（最上義光の妹）の嫡男。幼少時に患った疱瘡（天然痘）により右目を失明、隻眼となった。幼名は梵天丸。家督相続は18歳。感受性豊かな人物であり、茶道にも和歌にも長けて、服装もおしゃれであった。

こんな武将にも「俺は生まれてこなければ良かった」と言う時期があった。隻眼の腫れを気にし、幼少期に家来に言って目をくりぬいたそうである。その胆力を見て父親は家督を相続した。

やがて武将になってからは、大名同士は戦ってはいけないというおふれを無視して奥州を制圧していった。

このことから秀吉は正宗を味方にすべきかどうか思案していたという。そんな折に、正宗は秀吉に挨拶するために上洛した。そのときに正宗は千利休に指導を受けた。その姿の美しさと洗練された動きに秀吉は感嘆して受け入れたという。

また、文禄の役のときに、伊達家中の３０００の戦装束があまりにもみごとであり、京都の人々の心を奪った。これ以降かっこいい衣装を伊達者と呼ぶようになった。

海外への興味もあり、エスパーニャ国王のフェリペ3世の使節セバスティアン・ビスカイノの協力でガレオン船を造った。このサンファン・バウティスタ号を家康の承認のもとローマ法王に派遣した。

幕府でなく一大名がローマ法王に対しての派遣は異例のことであった。彼は国際派であり、運河の治水にも長けるなど当時のだれよりも最先端の技術を持っていたのである。

正宗は、食道がんで70歳で死去。臨終の際には妻子にも顔をみせないほどの伊達者であった。

彼の生き様の中で、感心させられるのは、秀吉にもとらわれない、日本の国にもとらわれない少し信長に似たものを持っている。これは当時の枠組みの中からはみ出た部分である。

企業人でもそうであるが、ひとつの枠組みの中から抜け出せないでもがいている人は多いはずだ。とてつもなく広く見た俯瞰《ふかん》の目が彼を成功させたといえる。大名でありながら大名の目ではなくもっと高いところから世間を見ていた。

だれにでも言えることであるが、出世する前から高い位置で物を見る目を持つことが成功への近道である。マーケッテング的に言うと、自分の立場を超えたところで物事を見ることでそれがいつか結果につながるのである。

遺訓として面白いのは彼自身の達観した俯瞰の目がここに表れていることである。

「仁に過ぐれば弱くなる。義に過ぐれば固くなる。礼に過ぐれば諂（へつらい）となる。智に過ぐれば嘘を吐く。信に過ぐれば損をする」

人を大切にし過ぎれば、相手のためにならない。正義を振りかざすと融通が利かなくなる。礼儀正し過ぎると、相手に対するいやみになる。頭が良過ぎると平気で嘘をつく。他人を信じ過ぎると何かと損をするといったものである。

武将としての一線を退いてからも、多才であり、多くの趣味を楽しんだ趣味人であった。そして能や和歌、茶道などにも秀でた文化人でもあった。そんな彼の生き様は現代の文化を牽引する一部にもなっている。

とりわけ料理が趣味であったことも有名で、仙台の食文化の礎を築いたのは彼の料理好きからといわれているほどである。

「馳走とは旬の品をさりげなく出し、主人自ら調理して、もてなす事である」は、政宗の言である。これは現在の服部料理栄養学校の校訓にもなっている。

エキセントリックな装飾の兜をはじめとする派手な鎧は実在し、ダースベイダーのマスクの元になっていることも知っておいてもらいたい。

伊達政宗は、
生まれてくるのが遅かったために
天下を取り損ねた武将であった。

大ばくち
身ぐるみ脱いで
すってんてん

甘粕正彦（あまかすまさひこ）

1891 ― 1945

日本の陸軍軍人。陸軍憲兵大尉時代に甘粕事件を起こす。
短期の服役後、満州に渡り、関東軍の特務工作を行い、満州国建設に一役買う。
満州映画協会理事長を務め、終戦直後、服毒自殺した。

自分なりのルールを周りに明確に示せ

日本人の中で最も大きなものを夢見た人物が満州建国の立役者であり、満州映画協会の理事長でもあった甘粕正彦である。

当時の通常人が成しえる夢は、せいぜい会社を作りたいとか店を持ちたいなど現実的なことが多いが、彼の夢は、日本人でありながら新しい国を創ることにあった。生まれてきた限り、人はいろいろな夢を持つ。日本を征服して統一したいという夢や天皇家を奉り、国を大きくしたいなど大きな夢はあるが、新しい国を創ろうという、とてつもなく大きな夢を持った人間はかつていなかったであろう。

結局、表には出なかったが、満州国が存続する間は、満州国の創設の親と言われた男であった。

後に悪魔のように書かれることもあるが、もともとのイメージがよくない人物といえる。

満州国を創設する前、関東大震災の混乱時に、甘粕事件を起こしている。これは、彼が東京憲兵隊麹町分隊長時代に当時おしゃれなアナキストであった大杉栄・伊藤野枝とその甥・橘宗一（7歳）の3名を憲兵隊本部に強制連行し、厳しい取調を行い、殺害し、同本部裏の古井戸に遺体を遺棄したという事件であった。事件後に憲兵や陸軍の責任は問われることなく、すべて彼の単独犯行とされ、禁錮10年の判決を受けることとなった。ところが、わずか3年間の服役の後、釈放され、なぜか陸軍の予算でフランスに留学した。当時は軍と警察は仲が悪かったため、甘粕事件そのものは実際には軍の命令ではなかったのかという疑惑さえあるが定かではなく、一身に責任を負わされて服役したのではないかとささやかれた。この件で軍の彼に対する態度が、それはまるで恩人に対して動いているように見受けることから想像できる。彼は関東軍（満州国の駐留軍）とも対立しながら自由に動いていた不思議な立場であった。軍から離れた存在であって、満州映画協会の理事長までになった映画の父でもある。同時に関東軍の特務工作も一手に引き受けて満州国建設に一役買っているだけでなく、軍に恩を売った男として、一目置かれていた。

「大ばくち　身ぐるみ脱いで　すってんてん」

この句は、昭和20年（１９４５年）８月15日、日本敗戦後に満映関係者の帰国手配などを終えたあと、20日午前６時５分、側近の赤川孝一（作家、赤川次郎の父）の目を盗んで、服毒自殺する直前に詠んだものである。

満州国に大きな夢をかけたが、成功はできなかった。しかし自分は中途半端ではなかった。さあ、だれか俺に続け、と詠んだ方が正しいのであろうか。ばくちに負けてごめんなさいというのではなく、こんな大きな夢を目指してできなかった俺は気持ちいいぞと自分の人生と満州国の運命を重ねているようである。

彼の中では、軍という枠からは、はみ出ていたが、天皇制の中の生き方からははみ出すことはできなかった。ここにはまるで土方歳三とかぶる部分が感じられる。土方も幕府という枠の中から出られなくて明治政府に入れなかった人である。彼らの国を作ろうという夢の大きさと実際の行動の大きさがまるで映画のようでダイナミックに感じられる。

満州国映画協会時代から彼のことをよく知る俳優、森繁久彌は、「満州という新しい国に、われわれ若者と一緒に情熱を傾け、一緒に夢を見てくれた。ビルを建てよう、金をもうけようというケチな夢じゃない。一つの国を立派に育て上げようという大きな夢に酔った人だった」と語った。

夢の大きさに相まって自分の死をも滑稽に詠う姿は器の大きさを感じさせられる。もし、完全に軍人であれば、お国のためにとか御心の…と詠むが普通であるが、彼は軍の枠からはずれた映画人でもあったがためにこのような句となった。それだけでなく、ダーティーなイメージを持たれているが、常に正しい方向を見ていた人物であったといえる。

満映の中国人従業員に対して最後に残した言葉として、「これからは、みなさんが会社の代表となって働かなくてはなりません。しっかりがんばってください。いろいろお世話になりました。これからこの撮影所が中国共産党のものになるにしろ、ここで働いていた中国人が中心になるべきであり、そのためにも機械をしっかり確保することが必要です」という言葉がある。

つまり機械を持っているものがこの撮影所をリードできるのだという正しい方向性を持っており、決してギャンブラーではないしっかりとした方針を掲げていた。

生き方もまた、ギャンブラーではなく物事に対して筋道を立て、堅実に何がキーであるかがわかっていたといえる。彼の中では堅実さと大胆さが同居しており、ギャンブラーというよりも器の大きい国士であった。このような人物であったから、彼が死ぬことなく満州の映画協会をリードしていけばもっと違った日本が生まれたかもしれないと思わざるを得ない。ところが、残念ながら軍国主義の枠の中から出ることができなかった英雄でもあった。国という大きな夢の中に、国という枠と軍国主義という枠との順番を間違ったのである。そのための失敗であった。国を作るにあたって軍からせっかく離れることができたのに、軍国主義という生き様だけは離れることができなかった。

現代の経営者にもいえるが、会社を存続させることや成長させることを目標にするならば、変なイデオロギーに走ったりせず、優先順位を間違えなければ成長するはずである。ところがそこを間違うと、せっかくいいものを持っている会社でも実らなくなる可能性が出てくる。

しかし、彼の教訓は失敗例としては、枠組みの順序を間違えたことにとどまり、逆に成功例とするのであれば、時代の先端をいって、なおかつ陸軍という枠を利用したところが良い例である。それこそが彼が満州国を作りえた理由でもあったからだ。それゆえに、彼の中には枠組を越えたところと越えられなかった2つの矛盾する存在があったと思われる。

組織作りの天才であり、満州国においては甘粕機関といわれる軍とは別の特務機関を持っていた。満州国の国策であるアヘンビジネスではリーダーシップをとり、まるで007のような生き方であった。

清朝のクーデターの際に皇帝であった第12代皇帝宣統帝の愛新覚羅溥儀が天津に幽閉されたときに洗濯物に化けさせて柳行李に詰めて連れ出し、苦力に変装させ汽車の3等車に載せ、満州に連れてきて満州国を立国した。簡単に言っているが時の前皇帝をこのように連れ出すこと自体スケールが違うといえる。

昭和14年（1939年）11月1日、満州映画協会理事就任のときは、会社社員を瞬く間に自分のファンにした。初出勤した甘粕は9時きっかりに庶務課長を呼び、重役や部長はどうしているか聞いた。すると「いつも10時ごろには出てきます」という答えを聞き、車を出して全員を呼び出すよう指示し、幹部を理事長室に集め「足で歩いてくる人たちが9時に出勤しているのに、自動車の迎えを受ける人が時間を励行しないのは間違いです。明日から重役も部長も9時に出勤してください」と言った。

翌日、総務部長はいきなりヒラに降格され、さらに履歴書で学歴を詐称した者はクビとなった。同時に日本人と中国人の待遇を同じにし、女優を酒の席に呼ぶのも禁じた。人事の大異動も行われ、高い地位から降格する者や、月給が上がる者までいた。しかし、クビにした社員には再就職の面倒を見たという。

また、当時は召集されたら社員は退職となっていたが、国のために召集された社員をクビにするとはどういうことかと言って、退職の時点から今日までの給与を送金することを命じ、給与と謝罪文と受領書を送付した。そして、この受領書を送らない社員に対しては即効解雇した。そんなこともできない者は満映にはいらない。お金を使うことを無駄というのではなく、人の儀に対してそれを支払うのは無駄ではない、ただし儀に対して儀を返さない者に対しては解雇するといった自分なりのルールを周りに明確に示したのである。

また、満映で彼が出席する会議ではすべてのイスを排除した。会議は座らないために、全員が立ったまま始められた。その結果、どの会議も20～30分で終了した。つまり短時間で解決しない会議は意味がないということを社員に植え付けたのである。

さらに、社内運動会や福利厚生にも力を入れていた。社内運動会のために運動場や球場を造るなど率先して行った。当時の経理部長は売り上げの20％を費やす福利厚生費は無理と言い解雇されたという。

また、スタジオの整備をするため、ドイツから高額の機械を買い入れ、スタジオの稼働率を上げた。それだけではなく、無味乾燥な国策映画より民衆が楽しめる劇映画に主力を注いだのであった。

後に森繁久彌が残している。「終戦直後、放送局で甘粕さんに会った。廊下ですれ違うと、珍しく甘粕さんの方から『森繁君』と声をかけてきて『満州はよかったなあ』と握手した。私はとっさに『あ、甘粕さん、死ぬんだな』と直感した。だが何も言わなかった。何も言えなかった」。

甘粕正彦の遺体は20日午後5時、満映の撮影所を出棺。中国人、朝鮮人ら、彼を悼み葬列に従った者は３０００人。その長さは1キロメートルにもなったという。この列は本当に彼を慕う者の列であったといえるほどの真の英雄であった。

因習、風習などかつてあった無駄はすべて排除することで洗練された組織と運営体系が生まれ、既存の力を排除することで新しく成長エンジンとなるものができるというのが彼の生き様を見てよくわかる。彼の言う「すってんてん」というのは、マイナスの意味ではなく、最後の最後に天皇制というイデオロギーの中で抜け出せなかったために起きたことであって、もうひとつ枠をはずれれば、もっと違った成功があったのかもしれないことを言っているようだ。

甘粕正彦は、とてつもなく大きな夢を見た大胆で堅実な国士であった。

君が為め 死ぬる骸《むくろ》に
草むさば 赤き心の
花や咲くらん

河上彦斎（かわかみげんさい）

1834 ― 1872

尊皇攘夷派の熊本藩士である。
幕末の四大人斬りの一人とされる。
藩と新政府に疎まれ、斬首された。

頑固な職人をうまく扱うことが成功への道

1864年に佐久間象山（松代藩士、兵学者・朱子学者・思想家。松代三山の一人）を暗殺したことが有名である。立ち居振る舞いがあまりにも穏やかで、弱く見えるが剣の達人、それが現代になって漫画「るろうに剣心」のモデルになった。

一般的に「人斬り彦斎《げんさい》」と呼ばれているが、斬った人物で有名なのはこの佐久間象山だけ、後はいつ誰を何人斬ったのかは明確に伝えられていない。容姿は、身の丈5尺前後（150センチほど）と小柄であり、色白で優しい口調は、一見女性のようであったという。

剣は我流で、片手抜刀の達人であったと伝えられている。

しかし、幕末はすでに鉄砲の時代、武士が役をなさないときに剣の道に最後まで生きて、なおかつ新政府軍に迎合することなく、亡くなっていった不器用な侍であった。

「君が為め 死ぬる骸（むくろ）に草むさば 赤き心の 花や咲くらん」

彦斎の句は、色が大事であり、色彩豊かな不思議な感じが非常に出ているといえる。おそらく他の辞世の句の世界は往々にしてモノクロの世界であるが、この句には、緑（草）もあるし赤もある。彼の独自の人生観がこの中に織り込まれているからであろうか。

「君（天皇）のために死んだ骸（遺体）に草が生えれば、自分の情熱や血を表す真っ赤な花がそこに咲くことだろう」。肉体が滅びたあとまでも、自分の信念、情熱は決して滅びはしない。ということを死体から赤い花の咲き出る光景に象徴させている。

明治政府に組み込まれず、昔の侍として、しかし天皇に忠誠を尽くしながら死に行く者の辞世の句である。

彦斎は、世間的に見て成功者ではなく時代遅れの侍であった。ただし、後の世に漫画になるほど彼の生き様は、最後の侍としてのインパクトが残っている。

これは、いままで言えばまるで、東大阪の町工場の技術屋の魂のようだ。たとえば、痛みが感じられないほどの細い注射針が存在するが、それは最新技術と職人技を持った町工場でしか造れない。そのような優れた技術を淡々とこなす。最先端の技術ですらかなわない技術者はまるで侍のように存在する。

　このような優れた技術者の生き様は彦斎の生き方と類似する。彦斎だけでなく、土佐の岡田似蔵、薩摩の田中新兵衛という人斬りの世界の人間はみな技術者であるといえるだろう。これらをひとり抱えるだけでその人は国を変えたり、いまで言えば会社が成功したりする。このような技術者を大切にしていき、育てるのも上に立つ者の仕事である。おそらく彦斎がいなければ明治維新というものはなしえていなかったのではないかと思うほど脇役ではあるが必要な存在であった。職人としてのかたくなな頑固な人物をどのように扱うかを時の政府には求められた。ただ、明治政府が成功したのは、このような人斬りの人たちですら天皇を敬っていることにあったといえる。彦斎はどちらかというと滅ぼされた幕府方であった。幕府方なのに天皇を敬っている。ということが明治政府の成功の秘訣となった。

　現代の会社で言えば、社内に社長派、専務派や子会社派などいろいろな派閥があるが、得てして優れた技術を持っている人は頑固者であり、何事をするにも反発しやすく、扱いにくい人物としてとらえがちである。こんな頑固な人たちを掴んでうまく扱えることが成功の秘訣といえる。

　彦斎は、池田屋事件で新撰組に討たれた同士の肥後藩士、宮部鼎蔵《ていぞう》を失った。その後、佐幕開国公武合体派で開国論者の佐久間象山を斬ることで同士の恨みをはらした。普段はおとなしくて無口、口を利けば女性のように優しく、声も小さく恥ずかしがりやであるが、彼の中には激情があったことがこの事件からわかる。彦斎に対し、明治政府の判事であった同士の玉野世履《よふみ》は、新政府で共に働いてくれないかと何度も懇願したが、尊皇攘夷の志を捨て切れなかったため、それはかなわなかった。尊皇攘夷の心を持って死んでいった人たちのことを考えると受け入れ切れなかったのである。

彦斎は、本来なら新政府の中核にいたはずの人物であった。しかし、新政府に参加しなかったために、逆に「こいつを生かしておくと将来の禍根になる」と新政府は考えた。

その後、明治4年12月4日、明治新政府に反旗を翻した元騎兵隊の大正源太郎をかくまったことで逮捕投獄される。後に東京に移送され木戸孝允の命よって処刑された。

彦斎は剣の達人だけでなく文も達つ、辞世の句も多作であった。そして、肥後藩で蟄居のときは「有終館」という学校を設立し、国学を講義していた。そこが他の人斬りとは違うところであった。彼の中には心も頭脳もあった。

勝海舟は海舟語録の中で「河上はそりゃひどいやつだよ、恐くて恐くてならなかった。会話の中に誰か野心があると言うと、ははん、そうですか、と言ってすぐに斬った。斬りすぎだと言うと落ち着き払って、それは、あなたいけません、あなたの畑に作ったナスやきゅうりはどうなさいます。いいかげんにちぎって沢庵でもお漬なさるでしょ。あいつらはそれと同じことです。いくら殺してもなんでもありません」と答えたと言う。彦斎は感情を出さずに人を斬っていったということで恐れられた。しかし、仲間は絶対に裏切らないという信念があった。

子孫の河上氏は京都で居合いを教えている。その道場に掲げているのは「君国のためには己を殺せ　他人のためには涙を流せ」と、その精神は現代に伝えられている。

「豫てよりなき身と知れど君が代を　思ふ心ぞ世に残りける」

元々ない身であるが、天皇を思う気持ちは身が滅びてもこの世に残るであろう。彦斎は、斬ることに関しても無感情であったが自分の死に関してもだれも恨むことなく無感情であった。

河上彦斎は、最後まで剣の道に生きた不器用な侍であった。

葛飾北斎

あと十年生きたいが
せめてあと五年の命があったら
本当の絵師になられるのだが

葛飾北斎（かつしかほくさい）

1760－1849

江戸時代後期の浮世絵師。
化政文化を代表する人物。
代表作に『富嶽三十六景』や『北斎漫画』。

飽くなき探究心が人を育てる

日本が世界に誇る芸術家（江戸時代後期の浮世絵師）が葛飾北斎である。森羅万象を描き続け、生涯に3万点を超える作品を世に残した。嘉永2年4月、風邪をひき娘や弟子たちが集まる中、この言葉を残して息を引き取った。

「あと十年生きたいが、せめてあと五年の命があったら本当の絵師になられるのだが」

また、別に辞世の句とし残したのが、

「人魂で行く気散《きさん》じや夏野原」

人魂になって夏の原っぱにでも気晴らしに出かけようかという遊び心のあるものであった。

89歳で亡くなったが、亡くなる前にまだ、あと5年、10年あればもっと上手になるのにと言葉を残している。北斎自身が年齢を飛び越えて常に挑戦し続けたが故に出た言葉であった。絵を追い求め、酒もタバコもたしなまずに生きた。絵を描くことに集中しすぎ、部屋が荒れるたびに生涯93回の引越しをしてまでも絵を描き続けた。これこそ正に飽くなき探究心といえる。

北斎は自分の中ではいつまでたっても作品として完成しているとみなしていなかった。たしかに、人は完成と思った時点で進化が止まる。自らが完成されていないという姿勢は、現代の社会の中においても、もし自分がトップグループにたどり着いたとしても、そこで自分のことをトップだと思ってしまうと、さらに上を目指すことができなくなる。常に自分はまだまだ未熟者であるという気持ちを持って、接することが、重要であり、そういう生き方をしないと、もっと上には上れない。このことを生涯実践したのが北斎であった。

1760年に貧しい農民の家庭に生を受ける。名前は川村時太郎。後に、鉄蔵と名乗り、通称は中島八右衛門。4歳で幕府の御用達鏡磨師であった中島伊勢の養子となり、後に、実子に家督を譲り、家を出た。その後に、貸本屋の丁稚となり、そのときに絵に目ざめた。そして、北斎自身が有名な「富岳三十六景」を描いたのはすでに70歳のときであった。色彩といい構図といい独特なタッチ、勢いすべてに秀でたすばらしい作品である。

50代前半に初めて旅に出た。各地から眺めた霊峰富士にいたく感動することで富士山を描きだした。新しいことに挑戦する心は、歳をとっても衰えることはなかった。宮本武蔵と同様に、歳だから守りに入るのではなくまだまだ攻める姿勢があった。

画中のどこに富士を配置すべきか計算しつくし、荒れ狂う波や、鳥居の奥、ときには波の中から富士をのぞくこともあり、北斎のタッチにより、まるで富士が宇宙の中心に広がっているように表現されている。

代表作としては、『凱風快晴』(通称：赤富士)、『神奈川沖波裏』、特にこの『神奈川沖波裏』は、ゴッホが絶賛し、ヨーロッパの芸術家たちに多くの影響を与えた。そこで発想を得たドビッシーは、交響詩『海』を作曲したことも有名な話である。

波頭が崩れる様は現在のハイスピードカメラで撮った構図とほぼ同じである。写実的にこの絵を描いた想像力はまったく感服されるものである。

74歳で富岳百景を完成させたときに、あとがきで書いた言葉が、

「私は６歳の頃からものの姿を絵に写してきた。50歳の頃からずいぶんたくさんの絵や本を出したが、よく考えてみると70歳までに描いたものはろくな絵がない。73歳になってどうやら鳥やけだものや虫や魚の本当の形とか草木の生きている姿がわかってきた。だから80歳になるとずっと進歩し、90歳になったらいっそう奥まで見極めることができるであろう。１００歳になれば思い通りに描けるだろう。１１０歳になったらどんなものも生きているように描けるようになろう。どうぞみなさんは長生きされてこの私の言葉がうそでないよう確かめていただきたいものである」

それだけ自分がどんどん進化していることを感じていたに違いない。

このころの人々は北斎の絵よりも30歳の若い絵師、広重の風景画に人気が移っていた。北斎の人気は落ち、借金も増えるだけでなく天保の大飢饉が起こるといった北斎にとって不幸な時代であった。最初の妻、二度目の妻にも先立たれ、孫娘と貧しい生活をする中で、69歳のときには火災に遭い、10歳の頃から描いていた絵をすべて失った。そのときに北斎の言った言葉は彼の人生を表すものであった。

「だが私にはこの筆が残っている」

後に、自分が培った画法や絵の具の使い方、遠近法について述べた画技の専門的な手引書である『絵本彩色通』を発表した。また、手本集として『初心画家』を書き残している。

1994年にアメリカのライフ誌において、この1000年に最も重要な功績を残した人物100人の中で日本人として唯一、86位にランクインした。このことからも北斎の功績はどの日本人よりも大きかったことが改めてわかる。

余談であるが、北斎は雅号を30回も変更している。『富岳百景』を作ったときには、画狂老人と名乗っていた。これは、おそらく、弟子に自分の雅号を売ることで収入にしていたのではないかと思われる。自分でなく技術が残ればいいと感じるところがある。

ここに、シーボルトとの逸話がある。

シーボルトが「日本の男女の一生」を描いてほしいと、150斤で2巻の依頼をしたところ、納品時にシーボルトが75斤にしてくれと言った。北斎はなぜ最初にそのことを言わなかったのかと言った。同じ絵でも、彩色を変えればその金額でもできたと言った。するとシーボルトは、そこまで言うなら1巻を75斤で買うと言った。

北斎は極貧のため本来はそれでもいいはずだが、2巻とも持ち帰った。帰ると妻が損とわかっていても売らなくては食っていけないとなげいた。すると、「自分も困窮するのはわかっている。そうすれば自分の損失は軽くなるだろう。しかし、外国人に日本人は人を見て値段を変えると思われることになる。それがいやだ」と言った。

その話を人づてに聞いたシーボルトは自らを恥じて、150斤を持ってきたという。

北斎は、自分が利益をあげたいという自分自身ではなく、絵そのものや日本というものを広く考えながら探求を続けた特殊な生き方をした。

葛飾北斎は、
死ぬまで進化し続け
後世の芸術に多大な影響を与えた芸術家であった。

今日が最後の日であれば
あなたはこれをしますか？

Steve
Jobs

スティーブ・ジョブズ

1955 − 2011

アメリカの実業家、資産家。
アップル社の共同設立者の一人。
アメリカ国家技術賞を受賞。

やりたいことは必ずやり遂げる

スティーブン・ポール・ジョブズは、パーソナルコンピューターで世界初の成功を収めたアップル社の共同設立者の一人である。

If you live each day as if it was your last.

「今日が最後の日であれば、あなたはこれをしますか？」

ジョブズは、毎朝鏡の前でこの言葉をつぶやいていた。病気によって身体がどんどん衰えていく中で、死に対して直面する感覚があった。

彼が成功したのは、自分の今日1日が最後の日になるのではないかと常に思っていたからである。だれもが、明日があるからこそ、今日は映画を観るとか、仕事を済ませるといった予定ができる。ところが、ジョブズは本当に今日が最後の日であったとしたら映画を観るのか、という究極の考え方の中で生きていたといえる。これは、彼が自分だけでなくみんなに対しても問いかけた言葉であったに違いない。

すべての日を最後の日だと思いながら生きれば、間違いなく夢は実現する。ところが、普通の人は決めたスケジュールを変えるわけにはいかない。その中で「予定があるなら、これはできないですね」ということになり、毎日「Ｎｏ」という言葉が続く。ほとんどの人は、このように「Ｎｏ」が続くのである。「Ｎｏ」が続くのは、生活そのものと仕事の仕方自身に問題がある。このことをみんなに訴えかけたのはジョブズであった。

２００５年６月12日に、スタンフォード大学における卒業祝賀会のスピーチではみんなの前でこの言葉を言うことに始まり、死の間際まで言い続けたのであった。

同じスタンフォードの学生に対して、投げかけた言葉の中で有名なものとして、

「君たちはもう素っ裸なのです。自分の心の赴くままに生きてならない理由なんて何ひとつないのです」とも言った。

今日が人生最後の日だとしたら、「Ｙｅｓ」か「Ｎｏ」と言ってい

る場面ではなく、心の赴くままにやりたいことをやれという指針を示したのである。本当にやりたいことをやって、できなくても後悔はない。その状態は失敗したとしても充実しているはずだ。お金が目的であるなら何をしてもいいが、やりたいことがあるなら、その目的を持ってビジョンを作ることこそ、人として自分自身としての生き方であることを示している。

経営者に言いたいのは、一日一日にそれぞれの目的がある。経営者は普通、年間目標を設定する。いい経営者は、3年間の中長期の目標も設定する。さらにもっと優れた経営者は、10年20年の長期計画を作る。ただし、もっともっと優れた経営者は、その日の生き様に目的を持っている。

超短期の「今日」というものに対して目的を持つということに対して、いかに大事であるかがジョブズの言葉から読み取ることができる。超短期の「今日」を、超短期の1日で変えることができる勇気が成功の秘訣となるはずだ。

ジョブズは、自宅のガレージから1976年に業務をスタートし、1代でアップル社を巨人にした。しかし、1985年には、アップル社から追放される。その後、彼のいなくなったアップル社は業績が著しく悪化。そのため、1997年に暫定的なCEOとして呼び戻された。その日から劇的なアップル社の大復活が始まった。2000年には、正式なCEOとして復帰。当時、マイクロソフト主流の中、追い出されたときに作ったネクストという会社の技術をアップルに活用。Mac OSXに切り替え、iPad・iPhone・iPodと次々に新たな方向性を示した。

ジョブズは暫定的にCEOに就任して以来、自分の給与を年1ドルしか受け取っていないことが有名である。この1ドルは居住地の州法により、社会保障を受け取るためには給与照明が必要なためやむなく1ドルを受け取っていた。このため、世界でも有名な資産家でありなから最も給与の安いCEOと呼ばれた。

やはり追放中の2006年にジョブズが作ったピクサーという映像会社があったが、その会社がディズニーを買収したことにより、ディズニーの筆頭株主となった。当然ディズニーの役員にもなったが、報酬を受け取ることは当然のごとく辞退した。

ジョブズの価値観の中で、お金を儲けようというのはなかった。それよりも世の中をどこまで変えることができるかが重要であった。これを考えると人間の究極の欲は、自己達成欲だと思われる。そういう意味では、当初から死を意識して生きているジョブズは、物事に対しての達成感という研ぎすまされたひとつ上のランクの欲の中でしか生きてなかったピュアな存在であったのではないかと思われる。

2011年10月5日膵臓腫瘍の転移による呼吸停止で亡くなった。享年56歳。同時にジョブズが亡くなった直後からアップル社の業績は下降し始めた。

ジョブズは自分が亡くなった後も4年間は新商品が出るように会社への経営指針を残しているが、その通りに会社は動かなかった。カリスマがいなくなっただけで業績は悪くなったのである。企業のトップというものは、その資質によって会社が左右することがよくわかる例である。

ジョブズには様々なこだわりがあった。スマートフォンの画面は3･5インチであるべきだ、とかPCでは7インチは作らないなどである。ジョブズの死後サムスンが、この3･5インチ以上のスマートフォンを作り、7インチのPCも作ることで急成長した。この現象を見て、次代のアップル社の経営陣はジョブズがいたころに作れなかった3･5インチ以外のスマートフォンと7インチの商品を打ち出した。これはサムスンと同じ市場での闘いになり、ひいては凋落の一手となった。このことは企業として、儲かることに追随するということを安易にやってはいけないということを世界中に見せることとなった。

本来は確固たる信念を貫くことこそ経営者としての在り方である。

ジョブズは我々に、やりたいことは必ずやり、やりたくないことは決してしないという哲学だけで企業は躍進することを教えてくれたのである。

スティーブ・ジョブズは、
他人と違う考え方を持つ勇気こそが
世界を変えることを教えてくれた実業家であった。

おもしろき
こともなき世を
おもしろく

高杉晋作（たかすぎしんさく）

1839 ー 1867

江戸時代後期の長州藩士。
尊王攘夷の志士として活躍。
奇兵隊を創設し、長州藩を倒幕に方向付けた。

危機になればなるほど笑顔を絶やさない

この当時（幕末から明治維新）の辞世の句の多くは勇ましかった。めまぐるしく変わる時代にあっては、勇ましいか自分を奮い起こすか、もしくは国を思うかの句を詠む者が多かった。

高杉晋作は、奇兵隊という組織を作り、軍隊技術を民衆に活かした策士であり、親分肌であり、倒幕の最も武闘派の人間であった。にも関わらず詠む句がやわらかい。

「おもしろき　こともなき世を　おもしろく」という句が当時の幕府の世の中に対して、最初からこの世は仮のものであるのだよ、と彼の心の中では思っている節がある。

この世の中は、仮のものであるのだからおもしろく生きなくてはならない。自分が奇兵隊を作ることもすべておもしろいことをやりたいということだったはずだ。国を変えようという気概よりも、生きていく中でいかにおもしろく生きていくかという自由人の発想が見受けられてならない。

高杉晋作には、かつて吉田松陰の松下村塾で学んだ国という概念を超えた自由主義国家の発想が根底にある。

マーケッティング的にいうと、中小企業が大企業とマーケットを争うようなものであった。長州軍2万人は、農民漁民を含めたすべての長州人。6万人を超える幕府軍軍隊にどのようにして立ち向かおうとしたのであろうか。晋作は、たとえ農民漁民であろうと、これらの人を軍人としてすべて素質があると考えたのである。そこで奇兵隊を作り、一流の軍に仕上げた。軍事訓練を施して侍たちよりも強くした。この発想は遊びからくるものであり、彼の中では命さえ遊びだったはずである。

晋作の句を受けて、下の句を、病床の晋作を看病していた野村望東尼（勤皇の歌人）が「すみなすものは心なりけり」とつけたと言われている。

「すみなすものは心なりけり」。

どんな世の中も不平不満はあるだろう。どのような時代に生まれても生きていくことに辛いものがある。幕府軍に攻められているこんなときでさえ俺は楽しい。その楽しいと思えるものは何か、「心」だ。しかも、周りが四面楚歌の状態であっても晋作は恋ができた。そして、明日死ぬかもしれないときでさえ大笑いでお酒を飲んでいる。

今日のいまが楽しければいいじゃないか。このような面にリーダーの資質として頼もしいものがある。危機になればなるほど、どなりちらすことなく、笑顔を見せることができるかどうか。晋作の顔には悲壮感や危機感はいっさいでなかったであろう。そしてすべての責任を負える覚悟を持って、「すみなすものは心なりけり」と言い切れるかどうか。この辞世の句の中に込められた人の器の大きさと、どんなときでも笑顔でいられる気持ちから、きっと笑いながら死ねるタイプだったのではないかと思われる。

長州人は大体にしてまじめであった。政治も企業の経営も遊びを持って望むことによる魅力の出し方というのがこの句の中に表れている気がする。

もうひとつには、いまの世をおもしろきなき世と言い切っている。当時は自分たちの住んでいる藩や国に対して愛国の精神を持って生きている時代で、おもしろくないというのを句に入れるのは藩主に対しての抵抗でもあり、日本という国に対しての批判でもある。これは本来許されない句を詠んでいることになる。長州藩には藩主がいたわけであるから、晋作は何のてらいもなく上士に対する痛烈な批判を行ったことになる。これをどうどうと言える藩の中の彼の実力もそうであるが、言い切れる彼の時代に対しての抵抗する力、みんなが右を向いているときにそっちはおもしろくないと言い切れるのはすごいことだ。

晋作のような人が、後の世に生きていたとしたら強靭な、国の制度を革新的に変える中心人物になっていたか、日本軍を相当強くすることができたかであったと思われる。外交に向いていたかどうかはわからないが、生きているうちに一度海外にも連れていきたかった人物である。

高杉晋作に、当時のＮＹを見せられたら日本はどのように変わっていたことだろうか。

高杉晋作は、
幕末の長州藩で奇兵隊を作り
幕府軍を打ち破った功労者であった。

神宮球場は満員だ 私を支持する国民の 声なき声がある

岸　信介（きしのぶすけ）

1896 − 1987

日本の政治家、官僚。
満州国総務庁次長、商工大臣（第 24 代）、衆議院議員（9 期）、自由民主党幹事長（初代）、
外務大臣（第 86・87 代）、内閣総理大臣（第 56・57 代）などを歴任。

目の前の事象に惑わされない信念を持つ

岸信介（きしのぶすけ）、明治29年（1896年）11月13日生まれ。昭和62年（1987年）8月7日没。

「昭和の妖怪」と言われた人で日本国総理大臣経験者である。「昭和の妖怪」と言われるのは戦前戦中戦後を通して常に国家の中枢にいて、目立つわけでもなく政策立案に関わっていることからである。彼の歴史の中で、一番有名なのは日米安保の後進修正を自らの内閣のときに行ったこと。そのためあらゆる人を敵に回すこととなった。国会周辺は数万人の反対派デモ隊に囲まれ、女子大生樺美智子さんが圧死するという事件まで発生した。

そのときの彼が言った言葉が、

「神宮球場は満員だ。私を支持する国民の声なき声がある」

このとき岸は半分死を覚悟したであろうと推測できるため、これを辞世の句としたい。結果的に日米安保闘争により退陣したため反動政治家というイメージが強いが、近年では明確な国家戦略を持っていた宰相として評価が高まっている。結局、右翼やヤクザ、フィクサーなどを総動員して安保の改正を行った。

岸は東大時代から秀才の誉れが高く、戦前派商工省から満州国に出向していた有能な官吏（満州国総務庁次長）であった。そこでは満州開発の5ヵ年計画などを作った経験がある。その間に満州国の様々な政策に関わってきた。

東條内閣では商工大臣として入閣、のちに無任所の国務大臣となった。なお、東條内閣の閣僚を務める間も、商工省の次官や軍需省の次官を兼任していた。

その経歴から、太平洋戦争後にA級戦犯として巣鴨プリズン（巣鴨拘留所）に入れられるが、不起訴となり公職追放となった。そのときに軍の指導者たちのあまりにも腑抜けぶりに、「こいつらにはまかせておけない」と日本の再興を決意し、政治を目指した。

岸の信念は強く、肝の持ちようひとつで、誇りを持って日本は回復できるという考えを持っていた。文芸評論家の神田和也さんに言わせると経済優先と言いながらも産業も金融もわからなかった吉田茂よりもすべてのことに関して岸信介の方が産業立国日本の基盤を築いたという評価をしている。

晩年も政界に君臨し、福田武夫率いる政和会の長老として影響力を保持していた。

「神宮球場は満員だ。私を支持する国民の声なき声がある」

周りに数万人の反対を叫ぶ敵がいる。ただし、このときに岸が思ったことは、目の前の敵ではなくサイレントマジョリティーという何も言ってはいないが実は自分を支持している人が世間にはたくさんいるということであろう。だから自分の目も前で敵対視している人たちを見てすべてを判断するのではなく、見えてないけれども支持してくれている人がたったいまも神宮球場で野球を楽しんでいると想像したのである。彼の素晴らしいところは、目の前に見えるものだけでない物事の判断ができるところにある。

実際に目の前に敵がいても、そのようなことが考えられる。経営者でもそうであるが自分の目の前に見えるものしか判断材料がない。しかし、岸のような逆の発送で、目の前の事象に惑わされない第三の目による判断ができることが何事にも必要である。

一方でこのような逸話もある。

１９５５年８月に重光外相と同行し、安保条約生みの親である米国の政治家ジョンフォレスターと米軍撤退の交渉を行っている。しかし、これは国民にも説明していなかった。この部分こそ彼の高潔さだと思われる。安保運動の人間に実は米軍撤退の交渉をしていると言いたいが、言わなかった。国民に対して迎合はしない。目的遂行のためにみんなに好かれようとは思っていない精神が物事を達成できるのである。ビジネスの世界では、社長だから社員に好かれたいと思うわけである。社員に対してこれだけのことをしてあげていると自分のことを

100%出す人もいるが、それがないゆえに尊敬もされ再評価も受けることを知らなくてはならないであろう。実力の9割は隠しておくことが余裕になり何事も長期に運営することになるのである。

岸信介は、
国民に迎合せず、好かれたいと言う気持ちよりも
実現を優先した宰相であった。

常に兵法の道を離れず

宮本武蔵（みやもとむさし）

1584 ─ 1645

江戸時代初期の剣術家、兵法家。
二刀を用いる二天一流兵法の開祖。
水墨画や工芸品を残す芸術家でもある。

「時」を読むことが勝利を導く

武士の時代に大名でもなく、部下もなく、決まった上司もなく、公家でもなく、いい血筋でもなく、かといって徒党を組むわけでもない、しかし、特定の技術を持った一人の人間が宮本武蔵であった。

武蔵は、身の衰えを感じると金峰山麓（熊本市西方）にある「霊巖洞」にこもり、禅の修業に打ち込みながら、自分の人生で得たすべてを込めて書き綴った『五輪書』を後世に残し、完成後すぐに病状が悪化、62歳で生涯を閉じた。

この『五輪書』には、「地の巻」「水の巻」「火の巻」「風の巻」「空の巻」があり、剣の技術書というよりは、精神的なものの考え方であるように感じられる。

遺言により、甲冑を身に着けたまま納棺されたという。これは武蔵が生涯剣の道に生きた証であった。

ここに死の7日前に、「独行法」といわれる21カ条に自分の人生を辞するものを書いた。この文章を辞世の句と考えてみた。その結びがこれである。

「常に兵法の道を離れず」

他にも際立って、武蔵のストイックな生き様を表している言葉として、

「いずれの道にも別れを悲しまず」
「身に楽しみをたくまず」
「一生の間、欲心思わず」
「物事にすき（数奇）好むことなし」

がある。

この21カ条を見る限り、恋愛は求めていないことがわかるため、本当に天涯孤独な生き様であったと思われる。さらに、仕える殿様も何度も変えていることから、仕えるというよりは、自分が仕えてやっているといった感じである。そういう意味では、一人で生きて、一人で

死んでいった特殊な人生であったようだ。

武蔵の剣の奥義は、『五輪書』を読むとわかる。そこには、戦いにおいて常に目指していたことが書かれている。

「勝負とは、敵を先手先手と打ち負かしていくことであり、構えるということは、敵の先手を待つ心に他ならない。構えるという後手は邪道である」

当時の剣の各流派では、型や構えは重要であったはずである。しかし、武蔵の場合は、構えというものを行うことは、すでに戦いを待っていることになる。すなわち構えというものはすでに後手を取っていることなのだ。このような構えのない、まさしく型のない剣法であったといえる。

もうひとつきわだって、武蔵の心を表しているものがある。

「仏心は尊し、仏心を頼まず、身を捨てても名利は捨てず」

これも「独行法」に書かれている言葉である。

仏は尊いものではあるが頼るものではない。武蔵の精神の中では、部下と上司だけでなく仏すらも頼る存在ではなかったということになる。これこそが生涯無敗と言われた武蔵の在りようだと思う。

数多くある武蔵の残した文の中で、強さの持つ孤独感が表れているのはこの二つの文章が特に際立っていると思われる。

改めて武蔵の強さの秘訣を考えてみると、あらゆることへの分析能力の高さではないかと思う。

想像ではあるが、武蔵には絵心があり、ということは、物事をよく見れていることになる。たとえば、花鳥風月の絵を描くことは、そのものの動きを正確に観察していないと描けない。この絵心を武蔵は剣術に活かしたのである。要は頭の中に図面があると思えばいい。そこに加えて武道家としての体力や資質があった。生涯無敗とはいえ、調子のいいとき、悪いときがあるはずだ。しかし、頭の中で試合の絵が描けていたから勝負に勝てたのである。その日その日の体調や行動を自分でしっかり見れているからこそといえる。それに加えて、武蔵が勝ち続けた理由は、「時」を読むことができることにあった。

巌流島の戦いで、遅れて行ったことは有名な逸話である。これは、あえて遅れて行き、小次郎をじらしたのであった。また、吉岡一門との戦いの場合は、何時間も前に行き、事前に地形を調べて、ずっと約束の時間までひそんで待っていた。そこで、一人ずつ集まってくるのを観察していた。要は、時間軸をうまく活用し、策を練り、その中で活路を見出したのである。

同じ時を所有すると言うよりも、勝負事においての物事の時間、たとえば、早く行ってチェックすることやあえて遅く行く、推測の域であるが巌流島も実は下見に行った上での遅刻なのではないかと思える部分さえある。

武蔵の性格からすると、勝つための努力は時間で補っている部分があるといえる。これは、現代の世の中にも通用する。たとえば、ビジネスにおいて、入札の期限など、物事に対しての勝負事はやはり、刻限を守るというよりも時間軸を考えていくことが必要である。入札では一番に提出するよりも最後に提出するほうが差し替えができるといった余裕がある。10社来ていれば、価格を下げなくては勝負にならないであろうし、1社であれば最初から高めの設定でもいい。できる人は入札用紙を5枚くらい用意して周辺をうかがいながら最後のほうに提出するものである。このように「時」をコントロールすることができれば何事においても勝利は見えてくるはずである。

武蔵は１５８４年から１６４５年、戦国時代から江戸時代初期という武士が最も輝いて輝いていた時代に生きた。二刀を用いる二天一流の開祖であるだけでなく、重要文化財指定の水墨画や工芸品を残す芸術家でもあった。剣術には流派はあっても構えはなかった。剣術だけでなく、『五輪書』を読んでみても、その文体に型がないことがわかる。

有名な巌流島の決闘は、結局木刀を使った。二刀流とはいえ決まった型がない。この型のないところこそが武蔵の型になっている。

かつて、塚原卜伝という無手勝流の戦わずして勝つという剣士がいたが、手があれば手が武器に、お箸があればお箸が武器になるといったように力によらず策によって勝つことを心がけていたという。同様に武蔵も、この型にはまらない部分があらゆる策を取ることができるため、とても強いわけである。マーケッティング的に言っても同じことが言え、多くの経営者は自分が成功するにつれひとつずつ型にはまっていく。これは有名な成功者であっても同じこと。こういう人であるというビジネスの型がある。たとえば孫正義さんであれば、銀行団を集めて、まず資金を見せてから相手と交渉する手法が得意の型である。逆に武蔵のようにいっさいの型にはまらず、型がないゆえにあらゆる方向に延びることができる変幻自在の型を持つことが強さとなっている。

武蔵は、守るものがあると人は型にはまりやすいということに気づいて、守るものをあえて持たないという生き方を選んだ。ある程度成功した経営者は、守りに入っていき型にはまりやすい。本当の天下無双になるためには、型にはまらないことに気づくべきである。そして、経営などで上を目指せば目指すほど自分は変な型にはまっていないかどうか見直すべきである。

武蔵の名字は宮本、またの名を新免、名は武蔵（たけぞう）。そこからむさしが通称となった。戸籍上の本姓は藤原、諱は玄信（はるのぶ）。幼名は辨助（べんのすけ）であった。

吉岡一門との戦いや巌流島の戦いが後の世の小説などの題材に選ばれることで、徐々にヒーローとなっていった。

現実としては剣の試合に勝ち抜いていった記録がさまざまな書物によって記録されているが、その活躍は本物であったと思われる。武蔵が初めて決闘して勝利したのは、１５９６年13歳のとき、相手は新当流兵法者、有馬喜兵衛であった。16歳で但馬国の秋山という強い兵法者に勝利。１６１２年29歳のときに行った、佐々木小次郎との巌流島の戦いまですべてに勝利したといわれている。

有名な戦いはいくつかあるが、関が原の戦いでは、同じ武道家の父親が東軍の黒田家に仕官していたため、おそらく武蔵も黒田如水について九州で戦った可能性が高いといわれている。

１６１４年、大阪の役では、水野勝成の客将として徳川方に参陣して活躍。

武蔵が恵まれていたのは、平和な時代に生まれたわけでなく剣客として活躍する場があったことである。活躍することができたことによって、名を上げることもできた。その後、平和な時代になって神になっていった。

その後、姫路城主、本田忠刻に仕え、このときに神道夢想流の夢想権之助と試合を行った。その後、島原の乱のときには小倉城主小笠原忠真に仕え、養子の伊織と共に出陣した。同時期に宝蔵院流槍術の高田又兵衛と試合をして勝利を得ている。このように、この時代の有名な人物と次々に戦っているのが武蔵であった。

後に、熊本城主、細川忠利に客分として招かれる。７人の扶持18石に合力米３００石が支給され、熊本城東部に隣接する千葉城に屋敷が与えられるだけでなく、鷹狩りが許されるなど客分としては破格の待遇であった。

生涯、部下も特定の雇い主も持たず、しかし道を極め、特殊な生き方をしたといえる。

宮本武蔵は、守るものをあえて持たない生き方で自らの道を極めた剣術家であった。

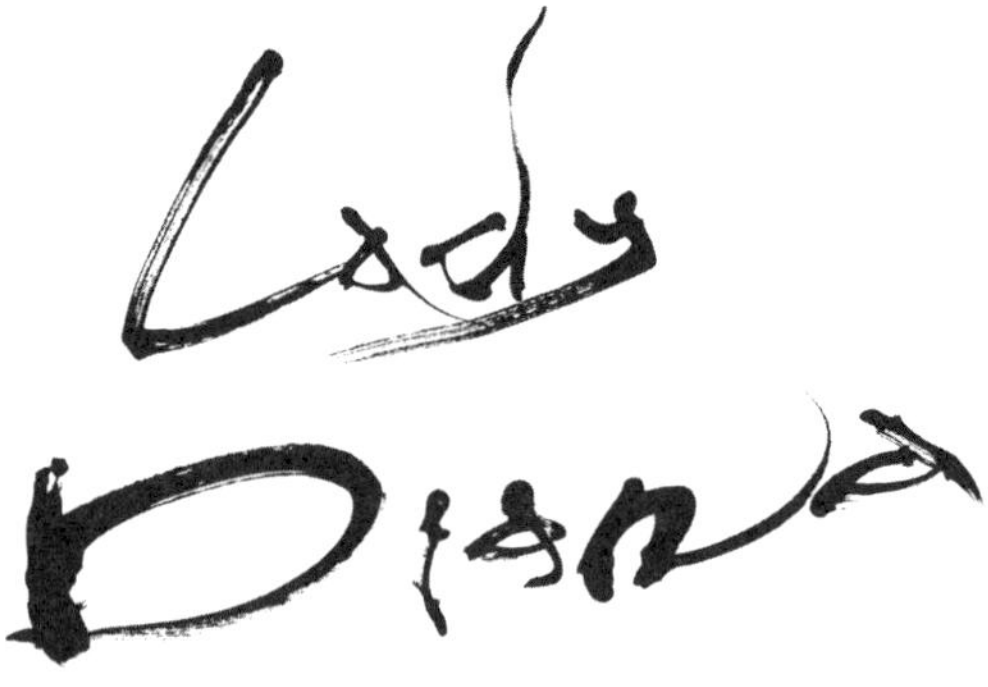

一度愛すると決めたら
それを貫け
運よく愛されたら
その人を守り抜きなさい

ダイアナ（プリンセス・オブ・ウェールズ）

1961 ― 1997

イギリスの第１位王位継承権者
ウェールズ公チャールズの最初の妃。

弱者を味方につけることが重要

世界中に愛されたダイアナ妃、わずか37年という波乱の生涯であった。旧姓はダイアナ・フランセス・スペンサー。イギリス王室、チャールズ皇太子と結婚し、プリンセス・オブ・ウェールズとなる。イギリス王位継承者ウィリアム王子、ヘンリー王子の母としてあまりにも有名である。

15世紀から続く伯爵家であるスペンサー家で生まれ、20歳のときにロンドンのセントポール大聖堂で王太子と結婚。荘厳な式は各国に中継され、世界中を魅了した。

夫妻は1992年2月に別居し、1996年8月に正式に離婚した。離婚後は定冠詞のない「Princess of Wales（ウェールズ公妃）」を名乗ることと、ケンジントン宮殿の居住を認められ、自由奔放に暮らしていた。1997年8月31日、パパラッチをまこうとして事故死。

「一度愛すると決めたらそれを貫け　運よく愛されたらその人を守り抜きなさい」

これは、ウイリアム王子に対して亡くなる前に言った言葉である。このころの彼女は、リストカットを行うなど、自殺未遂事件を繰り返す日々であった。そんな折に言った言葉をあえて辞世の句としたい。

彼女は、チャールズ皇太子に愛されてはいなかった。その彼女の心境が痛いほど表現されたものがこの言葉である。そして、彼女が一番愛していたのは子どもであるウィリアムとヘンリーであった。そして、彼女の望みは普通の暮らしを願った。その中でこのようなエピソードがある。

ある時、ウィリアム王子がヘンリー王子と一緒に、僕は大人になったらおまわりさんになると言った。

そのときヘンリー王子はまだ小さく、横で聞いていて意味がわからなかった。お兄ちゃんは王様になるのだから警官は僕がなるんだ。と言った。侍従たちは涙した。王室ではない普通の暮らしを望んでいた一面がここにあるといえる。

彼女自身が王子２人を直接育てているというのは王室の慣例とは異なっていた。本来は自分の手で育てることは許されないはずであった。元々が型破りであり、英国王室は、王位継承者にドイツ系配偶者を迎える傾向があったがダイアナは両親ともイギリス人であった。チャールズとの出会いもいびつといえる。チャールズ皇太子はダイアナの実の姉のセーラの彼氏であったという。しかも、チャールズには別に彼女としてカミラがいた。カミラがダイアナを進めたのも事実である。しかも結婚後もチャールズはカミラとの交際を続け、この交際にダイアナは気付いていた。

離婚後ダイアナは、いろんな男性との交際が取りざたされた。真偽はわからないが王室の職員や最後はエジプト系イギリス人の大富豪のドディ・アルファイドとの交際が話題となった。

また、彼女は人道的な活動をしたことで有名である。対人地雷の廃止運動、エイズの啓蒙活動など。離婚してもそのままプリンセスという名前が国民の支持で特例として離婚後も残った。彼女自身もこの名前を捨てないようにした。それは、慈善活動には必要であることを彼女自身一番わかっていた。ダイアナの名は大きな功績を残していった。

ＨＩＶの患者への接し方も普通ではなかった。当時は不治の病で、病院を廻って彼女は、当時空気感染もあるのではという時代、王族として始めて彼女は身体に触れ「必ず治るから」と言った。寄付をする人はいっぱいいるが、身体を抱きしめてくれる行為は考えられなかった。そのことに対しての本質がみんなの心を打った。そんなことをしてくれる王位継承者な継承者なんていないと国民は胸を打った。

ボスニアヘルツェコビアとアンゴラの地雷原の視察では、励ましただけでなく、危険な地雷原を自ら歩いた。その地雷原には付人はだれもついてこれなかったという。こんな危険なところが世の中にあるということを知ってもらいたい一心であった。「もし私が爆死することがあればそれも記事になりいかに危険かがわかるでしょ」と言ってのけた。

当然、それまでその問題の世間の関心は低かったが、その歩く姿の写真がAPにより世界に配信されることで関心が高まった。これはとても売名だけではできないことである。日本でも地雷反対の絵本「花をください」を発行したNGO団体が彼女に手紙を送ると、共にがんばりましょう。その本を是非読みたい。と個別に返事が来た。彼女には名も亡き人に対しても手紙を書ける優しさがあった。

亡くなった翌日の9月1日、対人地雷全面禁止条約の起草会が開催され、18日後に対人地雷全面禁止条約オタワ条約が122カ国の参加で調印された。たしかに生き様は不幸せであったかもしれないが、上に立つ立場として常に下を敬愛し「率先垂範」と言う言葉のようにまずは自分が始める姿に対して国民がついていった。これは、経営者にはなくてはならない姿であろう。部下を使って自分が動かない企業は衰退する。まず、自分が始め、弱者を守るという姿勢は彼女の生き様と句から読み取れる。

このように彼女は自分に対してのブランディングの天才であるといえる。

彼女にとって、パパラッチはだいたい敵である。最期もパパラッチに追われた。しかし、総じて彼女はメディア操作が上手かった。メディアを上手く利用して慈善活動を広めていったといえる。自分に対するものと王室の中で国民の世論を見方にするのが上手かった。

そして、結婚で得られなかった愛を人類に向けた。その結果、本来は国葬にならない立場であるにも関わらず、トニーブレア首相があまりにも国民に愛されていたダイアナの死を悼んで国葬にした。バッキンガム宮殿も前例になくユニオンジャックを半旗として掲げ、さらにはエリザベス女王も沿道に立ち、棺に向かって頭を下げた。それこそが、今でも彼女はイングランドローズとして呼ばれているゆえんである。

その後、カミラ夫人はチャールズと結婚したがプリンセスオブウェールズの名を受けることができずに辞退したほどその称号はダイアナのものであった。

弱者を救う気持ちは、王家の中の弱者であった彼女であったからできることであった。そして、弱いものの気持ちを大切にし、守っていった。正義の味方やヒロインはいつもそうであるが、世の中は圧倒的多数は弱者であり、強者はたった数％である。

マーケッティング的に言うと弱者に目を向けるのは、ビジネスの世界では大事な部分である。

それは、ものを作るときでも販売するときでも、考えておかなくてはならない。いまではユニバーサルデザインといったものがある。自販機でも低い位置にコインを入れる部分を作り車椅子や子どもたちにも手に届くようにすることで売り上げは伸びていく。つまり、弱者を知ることは強者も含むことができるということである。マジョリティーを味方につけるのと弱者を味方につけるのは組織の運営に欠かせないことである。

ダイアナ妃は、世界中の世論を味方にしたブランディング・マネージメントの天才である。

ついに行く
道とはかねて 聞きしかど
昨日今日とは 思はざりしを

在原業平（ありわらのなりひら）

825 ― 880

平安時代の貴族・歌人。
平城天皇の孫。贈一品・阿保親王の五男。
官位は従四位上・蔵人頭・右近衛権中将。

プラス思考がすべてを上手く動かす

在原業平は、平安時代初期の貴族・歌人である（平城天皇の孫にあたる）。平安時代の六歌仙（『古今和歌集』の序文のひとつ「仮名序」において、紀貫之が「近き世にその名きこえたる人」として挙げた6人の歌人の総称）の一人。美男の代名詞である歌物語の『伊勢物語』において、主人公「昔男」のモデルになった人物である。

業平は、日本最大のプレイボーイと言われた男であった。モテる要素はたくさんあり、『日本三代実録』に、「体貌閑麗、放縦不拘」と記され、美丈夫で有名で、美しく体も大きく、快活な皇子であった。

薬子の変の後に皇統が嵯峨天皇の子孫に移り変わることで、もともとは皇族であったが臣籍降下（皇族がその身分を離れ、姓を与えられ臣下の籍に降りること）して在原の性を名のるようになった。業平の考え方は、人の世の中には才能に恵まれていても上になれないことも少なくないというものであったが、それでも努力すれば乗り越えられるはずだというものであった。さらに、彼は、命は永遠に続くと考えていた。見た目もいいだけでなく、歌人としても有名なのが業平である。『古今和歌集』に30首を入首し、『勅撰和歌集』には87首が入首していることからも歌人としては超一流といえる。桓武天皇の系統をくんでいるだけあって、武にも長け、兄の行平とともに鷹狩りの名手であった。

業平をモデルとした、『伊勢物語』の中では、文徳天皇の第一皇子という設定であるが、母が藤原氏でなかったために帝位につけない惟喬親王との交流や、清和天皇女御でのち皇太后となった二条后（藤原高子）、惟喬親王の妹である伊勢斎宮恬子内親王とみなされる女性たちとの禁忌の恋などが表現されるなど、高尊の生まれながら反体制の貴公子といったところである。

仁明天皇が崩御した後、文徳天皇の代には昇進は止まり、以後13年間は同じ役職のままであった。この間にやさぐれて遊びほうけたわけである。

清和天皇に変わってから再び昇進できるようになり、862年（貞観4年）には、従五位上になった。左兵衛権佐・左近衛権少将・右近衛権中将と武官を歴任、873年（貞観15年）には従四位下に昇叙されるが、陽成朝では、再び順調に昇進し、877年（元慶元年）従四位上、879年（元慶3年）には蔵人頭にまでなった。そして、これからという時に52歳で亡くなった。本人としては、ようやく蔵人頭になったのだから、これからの人生を楽しもうという時に突然死が訪れた。その時に詠んだのがこの句であった。

「ついに行く　道とはかねて　聞きしかど　昨日今日とは　思はざりしを」

「ついに行く」というのは、死に向かっていくことを意味している。いつかは死を迎えることだと思っていたが、こんなに急だとは思っていなかった。突然訪れてきた死に対する驚きを素直に表現した歌を詠んだ。そして、ここには自らの生き様に対しての後悔感がある。あと少し長生きすれば、もっと上の位（閣僚）になれたはずであったと悔やんだ。

現代で言うと、同族会社の中でいくら出世したところで社長にはなれない。どんなことがあっても自分には未来がないと思って、努力をしない人や前に向かない人もいるが、彼の良いところは、考え方がポジティブであることだ。死ぬ間際まで命は永遠と思っていたほど、常に楽天的であった。そういう面が周囲の人に愛された。周りも幸せにし、自分も幸せになるといったいい面を持っていた。そのことが次の歌からもよくわかる。

「あだなりと　なにこそたてれ桜花　年にまれなる　人もまちけれ」

この歌は『伊勢物語』の中で業平と交渉のあった女性の詠んだものである。

桜の花が、はかなく散るのは薄情であると世間の人が言っているが、そんな花でも、1年に何度も来られないあなたを待っているのだと歌っている。

業平はムードメーカーであったようだ。プラスの雰囲気を持っている人に人は吸い寄せられるのである。そのオーラをまとうことによって出世も成し得たわけである。悲しいこと、辛いことがあっても悪いことと解釈するのではなく、業平のように「これはこれで風流ではないか」と捉えられるポジティブシンキングがいいのである。これは、個人にも企業にとっても大事であるし、周りの人に対しても温かいものを撒き散らす。このような生き方の手本を示したのが業平であった。

さらに、業平の作った歌によって、日本の文学の原点が決められたとも言われている。紀貫之は業平をこう評価している。

「在原業平はその心あまりてことばたらず　しほめる花のいろなくてにほひのこれるかことし」

つまり、彼と一緒にいると情感がありすぎて楽しい、そして彼には残り香があるような趣がある。去って行った後でも彼の存在を感じるような人だと言っている。

業平のようになるには、どうしたら人に好かれるようになるのかと考えるのではなく、ポジティブにプラスに生きることによって周りが近づいてくることを知らなくてはならないであろう。


在原業平は、元祖ポジティブシンキングで人々を魅了した日本最大のプレイボーイであった。

散りぬべき
時知りてこそ
世の中の
花も花なれ
人も人なれ

細川ガラシャ（ほそかわがらしゃ）

1563－1600

明智光秀の三女で細川忠興の正室。
キリスト教信徒（キリシタン）として有名。

どんなときでも自分の生き様をつらぬけ

戦国時代を駆け抜けて、たくましく生きた一人の美しい女性が細川ガラシャであった。

ガラシャは、永禄6年（1563年）、明智光秀と妻・煕子の間に三女（四女説もあり、この場合、長女と次女は養女、実質は次女となる）として越前国で生まれた。名前は「たま」（珠、玉）または玉子（たまこ）。没年は慶長5年（1600年）。

日本の歴史の中で言えば、1563年は足利義輝の最期の年、そして関が原の戦いの年まで生きた、まさに戦国時代の女性であった。

天正6年（1578年）、15歳の時に父の主君・織田信長のすすめにより細川藤孝の嫡男（ちゃくなん）・細川忠興に嫁ぐ。天正7年（1579年）には長女が、同8年（1580年）には長男を出産している。

夫の忠興は信長の家臣であり、後に家康の家臣になった人物。夫が信長の家臣でありながら父親は信長を滅ぼしたことから彼女は数奇な人生を歩むこととなる。

この複雑な関係により彼女の人生には苦渋の選択が続く。

本能寺における謀反の前には、義理の親子の関係から、光秀は、忠興に味方に付くことをお願いしたという。ところが忠興は断った。これで光秀の失敗は決定的になったといえる。

天正10年（1582年）6月、光秀は織田信長を本能寺で討ち、自らも滅んだため、彼女は「逆臣の娘」となってしまった。忠興は珠を愛していたために離縁せずに、天正12年（1584年）まで、彼女を丹後国の味土野（現在の京都府京丹後市）に幽閉していた。

天正12年（1584年）3月、信長の死後、覇権を得た羽柴秀吉の許しを得て、忠興は珠を細川家の大坂屋敷に戻した。

禅宗を信仰していた珠であったが、忠興が高山右近から聞いたカトリックの話をすると、その教えに心を魅かれていったという。

天正15年（1587年春）、忠興が九州征伐に出陣すると、珠は彼岸の時期であることを理由に外出、侍女数人と共に身を隠しながら教会に参じた。このとき教会において珠は日本人のコスメ修道士と話す機会を得たという。

コスメ修道士は後に「これほど明晰かつ果敢な判断ができる日本の女性と話したことはなかった」と述べていることからも彼女の聡明な性格がうかがえる。珠はその場で洗礼を受けることを望んだが、教会は彼女の身なりから高い身分であることが察せられたために、洗礼を行わなかった。

その後、外出することなく、侍女たちを通じ、教会から送られた書物を読むことで信仰に励んだという。（この期間に清原マリアをはじめとした侍女たちは教会において洗礼を受けている）。

しかし、九州で秀吉がバテレン追放令を発令したことを受け、宣教師たちがいなくなる前に、大坂に滞在していたイエズス会士グレゴリオ・デ・セスペデス神父の計らいで、自邸で清原マリアから密かに洗礼を受け、ガラシャ（Gratia、ラテン語で恩寵（おんちょう）・神の恵みの意）という洗礼名を受けたのであった。

「散りぬべき　時知りてこそ　世の中の　花も花なれ　人も人なれ」

この句は、関が原の戦い前に石田三成がガラシャを人質として大坂城に入ることを強要したが拒絶、三成が実力行使に出たことを期に家老小笠原秀清（小斎）に胸を突かせて亡くなる（キリスト教では自殺は大罪でため）前に詠んだものである。享年38歳。

ちょうど花が散るときがきた、同じように人も死するときがきたからだ、散っていくだけで神の意思にそむいたのではないといったことがこの句から読み取れる。彼女にとって死すら恐ろしいものではなかった。どんなに追い詰められようが、この心を持っていることが素晴らしい。「凛として潔く」というガラシャの生き方がここにあった。

このような女性が詠む句は重い。信長の命令によって忠興に嫁ぐことになった。最初は無骨一展望の忠興が彼女と出会うことで愛が芽生えた。

忠興はある日、手作りのプレゼントを贈ることでガラシャは初めて心を許すこととなった。そしてガラシャも忠興を愛した。さらに尽くすことによって男は進化していった。彼女と会うことで忠興は人の心に目覚め、部下に対しても優しくできた。それまでは信長を敬っていたため小さな信長といわれるほど切れやすい男であったという。

ところが、忠興は光秀の謀反のために立場が弱くなった。部下からはガラシャ夫人を殺さねば細川家は滅ぶとまで言われたが、何があっても守ると誓った。そこでさらにガラシャは忠興を愛し続け守ると決めたのである。

ここにひとつの逸話がある。

女好きの秀吉がガラシャに手を出そうとしたこともあったが、胸元から短剣をポトッと落として暗黙上に抵抗したという。このことからガラシャの忠興に対する忠誠心と愛がどれほどのものであったかが測れるであろう。

もし、あのときに彼女が光成の言いなりに人質になっていたとしたら関が原の結果は変わっていたかもしれない。ガラシャを人質に取れなかったことが世の中に広まって石田勢は敗北した。逆に、徳川勢は奮い立って勝利をもぎ取った、と言われている。徳川勢の心の支柱になったのがガラシャであったことは想像できる。このときのガラシャの死もあって、忠興は家康にも信頼され、後に腹心となる。彼女によって忠興は家も救われ信頼も得たのであった。

ガラシャの生き方は、いまの会社組織においても見習うべきことがある。上司が変わろうが、どんなにいざこざを起こそうが、もしくは世の中の仕組みが変遷しようが、彼女はぶれなかった。キリシタンになる心もそうであるし、ひとりの男を愛するのもそうであった。自分の生き様や方針をしっかり持っている。これは、いまで言うと政党のマニフェストのようなものである。そのマニフェストを守り死んでいった。それが、周りの人にいい影響を及ぼし、自分に関わった人たちを救うこととなった。

いま世の中で、どちらの方向に進んでいけばいいか、ああ言われるは、こう言われるはと迷うことばかり、どちらも上司であるということもある。しかし、自分が考えて生きる骨子となるところがぶれなければいいのである。自分がもし、そこにまきこまれてだめになろうがぶれないことで必ず救われるはずである。

激動の時代に生きるといろんなことが起きることは事実だが、それは現代であっても同じこと、生きる方法やまっすぐ見つめる道は変える必要はない。小船がいろんな方向に動こうが進む道は変わらないことが人生では重要である。

細川ガラシャは、戦国の世にあって最期までぶれない生き方をした女性であった。

益荒男《ますらお》が たばさむ太刀の 鞘鳴《さやな》りに
幾とせ耐へし 今日の初霜

散るを厭《いと》う 世にも人にも 先駆けて
散るこそ花と吹く小夜嵐

三島由紀夫（みしまゆきお）

1925－1970

小説家・劇作家・評論家・政治活動家・民族主義者。
戦後の日本文学界を代表する作家の一人である。
代表作は『仮面の告白』『潮騒』『金閣寺』『豊饒の海』など多数。

自らの行動に自信を持つことが大切だ

この二句は割腹自殺する前日に書いた三島由紀夫の辞世の句である。1970年11月25日、三島は「楯の会」の会員である森田必勝らと共に市ヶ谷の自衛隊に乱入、益田兼利総監を人質に、バルコニーからわずか1000人の自衛隊員に向かって檄を飛ばし、決起を迫るが果たせず、総監室において古式に則り切腹をした（享年、45歳）。森田が介錯したものの果たせず、剣道居合の経験者であった古賀が介錯する。そして、三島に続いて森田が切腹。同じく古賀が介錯した。

「益荒男がたばさむ太刀の 鞘鳴りに幾とせ耐へし今日の初霜」

三島は日本があまりにもだらしないことに憤りを感じていた。自衛隊自体の存在自身を問う時代であり、戦後憲法の中で行動を抑圧されていた。その自衛隊の思いを自分に置き換えて「たばさむ太刀の 鞘鳴りに」と、剣を抜きたくても抜けずに鞘の音だけがしている三島の葛藤がそこに目隠れしている。「今日の初霜」とは、ずっと耐えてきたが、ようやく鞘を抜くことが出来た。

「われわれは戦後の日本が経済的繁栄にうつつを抜かし、国の大本を忘れ、国民精神を失い、本を正さずして末に走り、その場しのぎと偽善に陥り、自らの魂の空白状態へ落ち込んでゆくのを見た。政治は矛盾の糊塗、自己の保身、権力慾、偽善にのみ捧げられ、国家百年の大計は外国に委ね、敗戦の汚辱は払拭されずにただごまかされ、日本人自ら日本の歴史と伝統を潰してゆくのを歯噛みをしながら見ていなくてはならなかった」という檄を飛ばしたものの当時の自衛隊員には響かなかった。

「散るを厭う世にも人にも先駆けて散るこそ花と吹く小夜嵐」

この時代の日本は、命を懸けて行動することを嫌う風潮があった。三島は自分が先駆けて命を賭けて死ぬことこそ華のある人生であるということをノンポリの人たちに見せてやろうとしていたのだ。当然自分の行動に酔っていたに違いない。三島の激情に任せた行動は、世の中をただ驚かせただけに過ぎなかった。その後、三島に追随する者がいたかというとそれはノーである。ここが三島の悲しいところで、自分のことが大好きで他人に対しては目を閉じ、他人の行動を分析することは生涯なかったという生き方であった。自分が満足できたか、美味しいかどうか、楽しめたかどうかで物事が変わってくるという価値基準である。

「今日にかけて かねて誓ひし 我が胸の 思ひを知るは　野分のみかは」。

これは森田の辞世の句である。野分とは台風のことであり、だれも私を理解してくれない、今となっては台風だけが聞いてくれる。そこには、人には理解できない自分たちがいると詠んだ。

三島の句にも、どうしてみんなは自分についてきてくれないのか、なぜわからないのかと、自分を美化しているところが感じられる。自分のことを好きになることは経営者として大事なことであり、自分の行っている行動に関して自信を持つことはいいことである。ただ過ちがあるとすれば他人の行動を見下すという部分が感じられるところである。経営というものは自分を美化しながらも社員や取引先の人たちをリスペクトしながらお互いを尊重して伸びていくものでなくてはならない。

現在のマーケッティングで考えるならば、これは経営者に多い行動で、自分の行っていることが一番美しいと思いがちである。それでは人はついては来ない。三島の句にも、どうしてみんなは自分についてきてくれないのか、なぜわからないのかと、自分を美化しているところが感じられる。

自分のことを好きになることは経営者として大事なことであり、自分の行っている行動に関して自信を持つことはいいことである。ただ過ちがあるとすれば他人の行動を見下すという部分が感じられるところである。

経営というものは自分を美化しながらも社員や取引先の人たちをリスペクトしながらお互いを尊重して伸びていくものでなくてはならない。

本来、三島が求めていたものは、「憲法改正」であった。戦後の社会に幻滅し、社会をよい方向に導きたい感のあった政治にも納得がいかなかった。

そして、最後の希望を自衛隊に託したのだが聞き入れられず、憂国の情を「死」をもって世間に伝えようとしたのだ。

結果、自衛隊を非難して、「生命尊重のみで、魂は死んでもよいのか。生命以上の価値なくして何の軍隊だ。いまこそ我々は生命尊重以上の価値の所在を諸君の目に見せてやる。それは自由でも民主主義でもない。日本だ。我々の愛する歴史と伝統の国、日本だ」。

三島が言いたかった言葉は、時代背景もあったが、生命尊重のみで魂が死んでもいいのか、命を大事にすることで存在意義をなしとする。それで軍隊と言えるのかということであった。

三島は、言葉で訴えることにより激昂のあまり死んでいったと言われているが、「豊饒の海」という作品を読むと、その主人公の友人である本田という人物が実は三島自身なのではないかと思われる。夢を求めて自殺をし、生まれ変わっていき、次の生き方を目指していく。三島は死んだのではなく、生まれ変わろうとしたのではないかと思われる。

これが、経営者である場合は、いまの生き方を全うしなくてはならない。生まれ変わるという発想では事業なんかできないからである。

「今日にかけて　かねて誓ひし　我が胸の　思ひを知るは　野分のみかは」。

これは楯の会、森田の辞世の句である。

野分とは台風のことであり、だれも私を理解してくれない、いまとなっては台風だけが聞いてくれる。そこには、人には理解できない自分たちがいると詠んだ。森田も三島と同じように挫折感の中で死んでいった。
同様に三島の辞世の句には、美を求める人の悲しみや、民衆をどうにも扱うことができないいらだちが感じられる。いい面、悪い面を持ち合わせた日本男児こそが三島であったに違いない。ところがこれは、我々に逆の教訓を与えてくれる。そして、経営者が陥りやすいことへの警告となるであろう。

三島由紀夫は、日本人としての美徳を最期まで果たした偉人である。

外交官は嘘を言ってはなりません
どうせ一度は
すばらしい大嘘をつかなければなりま
せんから
平常嘘が多いと効き目がなくなります

小村寿太郎（こむらじゅたろう）

1855－1911

外交官、政治家。
外務大臣、貴族院議員などを務めた。
侯爵。

先を見据えた行動が未来を変える

いまの日本の外交はあまりいい状態とはいえない。領土問題や、防衛の在り方など外交能力がないとしか思えない状況である。もちろん政権が変わることもあるが、それは理由にはならないであろう。政権が変わるのは昔から常であるし、海外の国も同じである。ところが、かつての日本には外交大国として名を馳せた優秀な人材が何人もいた。当時は英語を習うにも辞書さえない時代である。

ここに、日本の外交のお手本になる人物がいる。それが、外交官の鏡と言われた、不平等条約を撤廃させた睦奥宗光である。そして、同じくらい外交上手であったのが小村寿太郎という男だ。

1855年（安政2年）日向国飫肥（おび）藩（現在の宮崎県南部）の下級藩士・小村寛平と梅子の長男として生まれる。明治政府の外交官、政治家であり、外務大臣、貴族院議員などを務めた要人であった。

寿太郎は日露戦争時に外相であり、講和条約の全権代表としてロシア側の全権代表であるセルゲイ・ヴィッテ伯爵を相手に講和会議をまとめあげた（ポーツマス条約）。

当時の日本にとって、日露戦争は国の攻防を賭けた戦いであった。初めて欧米の列強にアジアの小国が勝利した歴史的な戦いとなった。しかし、この戦争において、多くの犠牲を払うだけでなく、日本の財政は国民に相当な負担を強いたのである。軍事費として投じてきた金額は国家予算一年分の約4倍にあたる20億円であった。当然国民は勝利の報酬に期待することとなった。

ところが、このときの日本は勝つには勝ったが、かなり弱りきっていたことを国民は知らなかった。現実は、これ以上の戦争の継続は不可能という状況の中での勝利であった。寿太郎は、ここでロシアに対して無謀な交渉を行うことで、フランスなど他の欧米列強が黙っているわけがないことを知っていた。こういうことは国民のあずかり知らぬことである。条約では、ロシアは満州および朝鮮からは撤兵、日本に樺太の南部を割譲するが、戦争賠償金には一切応じないという最低条件で締結された。つまり、日露の交渉の中で、日本はまだまだ余力があるよと言ってはったりをかました中での最大限の譲歩がこの交渉であった。

このような寿太郎が得た講和条約の内容に対して国民は不満を持った。そして、国民の怒りは抑えられなくなり外務省や警察、新聞社（日比谷焼打事件）まで群集に襲われた。

記者が、「いま、暴動であなたが殺されかけていますよ」と言うと、「なーに、国民にもそのぐらいの元気がなくてはならないですよ」と言ったという。

３００人を超す人が逮捕され、暴徒たちが押し寄せる中、死を覚悟した寿太郎が親しい記者に対して答えた言葉を辞世の句としたい。

それは、「外交官は嘘を言ってはなりません。どうせ一度はすばらしい大嘘をつかなければなりませんから。平常嘘が多いと効き目がなくなります」という肝の据わった言葉であった。

嘘がいいとか悪いとかではなくブラフである。自分を大きく見せるのは商売上でもよくあることで、そこに至るまでは、信用を得なくてはならないということが重要である。信用を得る前に大きいことを言ってもだれもついてこないことを言っているのである。

寿太郎の偉いところは、いつもただまじめでいて、大嘘をつくのではなく、いつか大嘘をつかなくてはならないときのため、信用を得るために嘘をつかないところである。それは国民に対してか、対国に対してかはわからないが。先に嘘をつく日が必ずくることを想定してのことである。

マーケッティング的に言えば、信用と言う名の貯金は、経営者には絶対に必要なものである。この信用を相手に対して築いていき、それを使って本当に必要なときに爆弾として出すというのは、経営者の資質として、必要な部分であろう。

このような思慮深く大胆不敵な寿太郎の生い立ちはどういうもの

だったのであろうか。寿太郎は、幼少より学問に秀でており、大学南校（東京大学の前身）を2番で卒業、第一回文部省海外留学生として渡米。ハーバード大学にて法律を学んだ。帰国後、司法省を経て外務省に転籍。父親の残した借金に苦しみ、高利貸しに責めたてられ、生活は決して楽ではなかったが、友人たちの尽力で苦境をのりきったものの、行政整理によって翻訳局が廃止となり、仕事を失った。これを救ったのが、時の外相であった陸奥宗光であった。寿太郎は陸奥の知遇を得て、北京の公使館の清国代理公使に就任した。しかし、たいした仕事もなく、閑職の状態であった。そのような立場でも腐らずに、せっかく時間があるのだから清国の研究者として第一人者になろうと決めた。

「どうせ時間もたっぷりある。仕事もない」

そういう状態で、酒に溺れたり、遊興にふけるわけでもなく、清国のことをだれよりも良く知るという目標値を立てて、記録を読みあさり、欧米人が書いた清国の書物までも知識として取り入れ、清国の総理大臣である李鴻章や多くの外国大使とも面談した。北京倶楽部という欧米人の社交場で情報収集し、自分なりの清国に対しての分析をした。この情報はいつかきっと役に立つであろうと暇な時間をその作業に費やした。

これが結果的に明治27年6月の日清戦争に大きく役立った。

当時の記録によると、「小村公使の進言による綿密な情報報告によって、清国との戦争は避けられない」と、戦争に突入した。

当時は大国清国と日本が戦って勝てるわけがないと、だれもが思っていたが、戦ったら勝つことができるという分析を寿太郎は行っていたからである。しかも、戦いに勝った後に行う講和条約についても充分研究しておくべきだと考えていた。さらに、列強がどのように対応してくるかまで分析していた。日清戦争の後、日本は清から遼東半島、台湾、澎湖列島と多額の賠償金を得ることになった。結果的に後ほどこの半島は列強の圧力で変換した（三国干渉）ものの最大限の国の拡大に尽くすことができ、後には日露戦争にも勝利し満州国も手に入れた。これらはすべて寿太郎の研究の緻密さゆえに成された偉業であった。

時の政権を担っている多くの人材は、薩長土肥出身の限られた藩の出身者であったが、寿太郎は宮崎県南部の小さな藩の出身であり、出世なんておぼつかない。しかし、清国領における抜群の働きが第一群の司令官の山県有朋の目に留まり、同時に第一群の第三師団長の桂太郎の目にも留まる。その結果、明治34年桂内閣では外相となった。

外相時代には伊藤博文の反対を押し切って、日英同盟を締結。この同盟締結が結果として、日露戦争勝利の大きな複線となった。5年後10年後を想定し、戦う前に勝ったときのことを考える、先の目がある政治家であった。

いまの日本の政権は自分の在任中に何ができるかと考えるが、寿太郎の時代の政治家は10年先どころかもっと先の国の姿も見ていたのである。マーケッティング的にみれば、ダメだった時代に一番の未来への布石を作ることがいかに大事であるかが読み取れる。だれもがいい時代や悪い時代があるわけで、売り上げが伸びなかったり、暇であったりするのが世の常である。そのときに腐らずに次のことをどうできるかが大切だということを教えてくれたのが小村寿太郎であった。

小村寿太郎は、ひたすら正直であることを信条に近代国家としての日本の道しるべを作った外交官である。

小林一茶

露の世は
露の世ながら
さりながら

小林一茶（こばやしいっさ）

1763－1828

江戸時代を代表する俳諧師の一人。
本名を小林弥太郎。
別号は、圯橋・菊明・亜堂・雲外・一茶坊・二六庵・俳諧寺など。

何事にも客観的な視点が必要

死を覚悟したときに詠む句が辞世の句と捉えると、一茶が数多く詠んだものの中からこの句が挙げられる。

この句は、一茶の娘のさとが亡くなったときに人生をはかなんで詠んだものである。

一茶が詠んでいるだけあって、句の流れがとてもきれいにできている。軽快な調子で詠まれているが、わずか22文字の中に悲しみが溢れかえっていることが手に取るようにわかる。

無情なこの世は露のようにはかない、とはいえこの世に生きていかなくてはならないのが現実だ。これも人生である。人が亡くなったときこそ、いま生きている自分がクローズアップされることがわかる。

一茶の変わっているところは、生涯で2万以上の句を詠んでいるが、どれも自分を客観視しているところだといえる。娘の死に関してもそうであったが、何事に関しても客観的に見ていた。その代表的なものが、父親が発病して死に至り、初七日までを描いた「父の終焉日記」という作品である。この作品は、すべてを完全レポートした私小説の魁であった。

すべてにおいてドキュメンタリーであり、自分ですら演じ手の一役のように描かれている。

また、一茶は晩年にやっと築いた家庭で幼い娘を疫病で亡くし、自らの死よりも悲しい死を目の前にして、死にたどり着く境地で詠んだ句が先ほど紹介したものである。

江戸で俳人として名を馳せたのは、類まれなる客観性を持って物事を見ることができるからこそであろう。自分の周りの特定の出来事に対しての描写能力が非常に優れており、2万句という多くの句が後の世の人たちの俳句の手本を示すこととなった。さらに、一茶の残した句は、時代考証にも役立つものとなるほど記録文としても珠玉であった。物事を客観的に描写することは、後の世の人がその法則性を見つけることができることとなった。こうなっているから、もしかしたらここで不景気が来るといったことや、これは売れないという商売の法則などさまざまなことが一茶の句からわかるのである。

ここにひとつのキーワードがある。商売の才能がなくても、記録のとり方が上手ければ法則性を後の人が見つけるかもしれないというマーケッテング的な利点があった。このように客観性にとんだ物事の捉え方ができる存在は企業にとっては必要である。会社でたとえれば、決していい社長ではないが必要な考え方である。したがって、企業内のどこかにこのような人材がいると企業にとってのリスクヘッジになるであろう。

さて、一茶の生き様を見ると、3歳で実母を喪い、8歳で継母を迎える。しかし、継母と異母兄弟の弟とそりが合わず、15歳で江戸へ奉公に出される。このような不幸な生い立ちの中、結婚後に子どもを次々に亡くす悲運にもみまわれている。

継母、異母兄弟との遺産をめぐる争いの末に、51歳で帰郷し、翌年、24歳下の菊と初めての結婚。そして、菊との間に三男一女をもうけるも、子どもは4人とも幼くして死んでしまう。それだけでなく、間もなく愛妻菊も脚気により亡くなってしまった。

一茶は62歳のときに今度は雪と再婚したが、老齢の夫に嫌気がさしたらしく約半年で離婚となった。その後、脳梗塞で一度倒れたが、下半身が不自由になりながらも、64歳で新妻やおと再々婚した。当時の様子を書いた日記には、結婚後連日連夜の交合に及び、妻の妊娠中でさえも交わったと書かれていた。このように一茶は、生涯交合への意欲は止むことがなかったという。

そして、3番目の妻やおとの間に授かった子どもから現在の小林家は継がれている。

一茶の作品は幼少期の家庭環境や義母との精神的あつれきがあったために、自虐的な句風が多い。風土に生きる女性的な視点、素朴で客観的な視点が一茶の作品で、当時は与謝蕪村による天真爛漫な作風が天明調といわれるのに対し、ひねくれた部分を持つ化政調と呼ばれた。しかし、その内容はというと、あくまでも弱いものを応援するといった姿勢があった。

「やせ蛙まけるな一茶これにあり」

この句にあるように、がんばれという気持ちが前面に出ていることが世の中に共感を得た。まだまだ現代でも、一茶の句は発見されているため、実際には史上最大の作者になる可能性があるといえる。

正岡子規もそうであるが、最後は病気になって死んでいく、それさえも力にしてしまうのである。いやなことや不幸があると作風が目ざめるのであろう。このように、マイナスの力が働いたときにそれを、悔やむのではなく、著作の力にするという物事の持って行き方は見習うべきである。

だれでも、自分が上手くいかないときやどうにもならないとき、だいたいは遊興に溺れたり、休んだり、寝たりするが、それを各品の力に変えてしまう。たとえば、おなかがすいていても、すいていることを題材にする。このようなエネルギーの変換の仕方は素晴らしいといえる。

小林一茶は、
悲しみを乗り越え
庶民の素朴な生活を客観的に記録した俳人であった。

松平容保

今もなお慕う心は
かわらねど
はたとせ余り
世はすぎにけり

松平容保（まつだいらかたもり）

1836 ─ 1893

陸奥国会津藩の第９代藩主。
京都守護職。

一途な思いを貫く組織を作る

松平容保は、陸奥国会津藩の第9代藩主（最後の藩主）であり、最後の京都守護職として孝明天皇に尽くした人物である。

容保自身は長州・薩摩の朝廷工作に翻弄されるばかりの政治音痴で職務に一途な会津の若殿様であった。西国の大名と異なり、東北の大名は都から離れているために政治的な動きが下手であったが容保もしかりである。そんな容保が京都守護職になることによって幕末の一方の主役に躍り出た。

司馬遼太郎が『王城の護衛者』において、会津藩についておもしろい書き始めをしている。

「会津松平家というのはかりそめの恋から出発している。徳川二代将軍秀忠が次女とかりそめの恋をしてできたのが三代将軍家光の弟で会津二十三万石の領主となった初代藩主正之である。この弟を家光は非常にかわいがり、臨終のとき、会津に徳川宗家を頼むと言った。この強いかなわぬ愛というのが会津松平家の生き様として代々受け継がれている。そして、彼の制定した家訓の第一条に、我が子孫は将軍に対し、一途に忠勤に励め。もし、わしの子孫に疑心を抱くような者があれば家臣たちはそのような者に服従してはならない」

藩祖・保科正之の定めた家訓を重んじ、損な役回りであろうが関係なく一途に幕府と天皇に尽くしたのが容保であった。そこには愚直ともいうべき真っ直ぐで真面目な心があり、このただ一途な思いだけで会津藩は組織は成り立っている。

会津藩が最終的に孝明天皇に尽くし、王城の守護者として京都守護職を務め、新撰組を麾下に置いて、会津藩士ともども尊攘派志士の取り締まりや京都の治安維持を担った。

薩摩藩・長州藩を含め、会津藩もまた組織としての完成度が非常に高いといえる。いや、会津藩においては組織そのものの仕組みがよくできているというよりも、ただひとつ、一途な思いを中心においているところにその求心力はある。この一途な思いだけで、ここまで強靭な組織を作るとは大したものだ。

マーケッテング的にいうと、ロイヤルティーというものを、別の次元に置き、報われないものに対しても愛を示せるという素晴らしい組織を作ることが国や企業を強くする。いまの世の中もそうであるが、みんなは報われたいのが普通である。尽くしたらそれだけ報われたいのが当たり前。しかし、報われないロイヤルティーを忠実に育てて組織を作った会津のやり方はいまの企業にも必要なのではないかと思われる。当然それは、企業だけでなく日本の政府の在り方にも言えることだ。

容保は幕末に京都守護職として孝明天皇に尽くすため、1862年12月に上洛した。上洛の美しさと容保の美しさは群を抜き、京都ではうわさになった。実際の写真を見ると、いまのジャニーズ風といってもいいだろう。また、この上洛は戦国時代の伊達政宗をほうふつさせるものがあるといえる。当時、朝廷の中の女官たちは大騒ぎであったであろう。

1867年に徳川慶喜が大政奉還を行って江戸幕府が消滅すると同時に京都守護職も廃止され、今度は、逆賊として明治天皇から追われることとなる。

その後戊辰戦争において、奥羽越列藩同盟の中心として新政府軍と交戦したが（会津戦争）、降伏勧告に応じて自らの部下に降伏を呼びかけた。その後、容保は鳥取藩に預けられ東京に移されて蟄居させられた。しかし、嫡男の片大が家名存続を許されて華族となった。容保も、まもなく蟄居を許されて、1880年には日光東照宮の宮司となった。1893年に目黒の自宅で肺炎のために死亡。享年59歳であった。

この亡くなる2年前に詠んだ句が、

「今もなお慕う心はかわらねどはたとせ余り世はすぎにけり」であった。

報われなくても尽くすといった組織を作る会津松平家の組織作りに

関しては、容保の辞世の句の中にも「慕う心は変わらねど」と表現されている。この時代はすさまじいスピードで世の中が変わっていっているが、孝明天皇に尽くす気持ちは、世の中が変わろうが貫き通すというところが容保の一途な思いであった。

そして禁門の変では、孝明天皇を奪取しようとした長州藩勢から御所を守り抜いた。後に容保は、会津藩を頼りとしている旨が記された「御宸翰《ごしんかん》」を孝明天皇より賜った

「たやすからさる世に武士《もののふ》の忠誠のこゝろをよろこひてよめる」

「和《やわ》らくも たけき心も相生《あいおい》の まつの落葉の あらす栄へむ」

「武士と こゝろあはして いはほをも つらぬきてまし世々のおもひて」

これを読むと、いかに孝明天皇が容保を信頼していたかが手に取るようにわかる。

容保の逸話の中に、会津磐梯山が噴火したことで、旧領の猪苗代、裏磐梯地域は大きな被害を受けたことがあった。容保の旧臣である西忠義は事態を重く見て、容保に連絡した。報を受け、容保は現地に急行し、被災者を見舞ったのである。被災者は旧領主の訪問を泣いて喜んだという話がある。みんなにとって見れば本当によい殿様であったということだ。京都の人から見ると鬼のように思われたかもしれないが会津では別の印象で語り継がれている。

容保の死後、1928年（昭和3年）、秩父宮雍仁親王（大正天皇第2皇子）と松平勢津子（容保の六男・恒雄の長女）の婚礼が行われた。この結婚で、会津は逆賊でなく復権したと位置づけられた。同年に、子母澤寛『新選組始末記』、平尾道雄『新撰組史録』が刊行され、新選組再評価の転機となった。

「義に死すとも不義に生きず」

ロイヤルティーというのは企業にとって大切であるし、この部分に特化して熟成する容保のやり方が、後の世に容保は美しい存在として語り継がれている。これは、企業にとっても大切なことである。

現在日本のメガバンクの東京三菱UFJ銀行の元になった東京銀行、元会長松平一郎は容保の子孫であり、徳川宗家の豊子を妻に迎え、現実的に日本の銀行業界の中心に会津松平家が現在も生きている。司馬遼太郎がこのロイヤルティーについて述べた言葉の中に、「会津藩はその後の運命を、当初から予想し、承知の上で凶のくじを引いた。史上珍しいことと言えるのではないか」。

ロイヤルティーがあるが故に凶のくじであっても受けたわけである。改めてせつな的な容保の生き様にこころをくすがれるばかりである。

松平容保は、
愚直なまで忠義を尽くす
線は細いが後の世に影響力を与えた
会津最後の藩主であった。

神よ、
フランス国民よ、
私の息子、
軍隊の先頭

ナポレオン（ナポレオン・ボナパルト）

1769 ー 1821

革命期フランスの軍人・政治家。
ナポレオン１世（在位：1804 年 - 1814 年、1815 年）として
フランス第一帝政の皇帝。

明確な評価基準が強い組織を作る

ナポレオン・ボナパルトは、1769年に当時フランスの領土であった、コルシカ島（現在はイタリア）の貧乏貴族の家に生まれた。貧乏貴族ではあったが、コルシカ出身ということで平民に最も近い存在であった。そのため、彼が出世する近道は、軍人になることしかなく、ナポレオンは首都パリに出て士官学校に入学した。1784年、士官学校を卒業し、フランス王国の将校となった。その後、幾多の戦いで功績をあげ、国内軍司令官に就任するまでになった。

ナポレオン軍はイタリアに進撃し、連戦連勝を果たした。同時にイタリアの封建制度を潰し、イタリアの民衆に対し、フランスと同じような「自由」「平等」を勝ち取っていった。同時に本国フランスでは、人気が急上昇し、国民のヒーローとなっていった。やがて、フランス軍はエジプトでも勝利を治め、その強さをヨーロッパ中に轟かせた。

1799年11月、パリに戻ったナポレオンは、弟の協力を得て、合法的に権力を掌握しようとしたが、うまくいかず、軍の力を背景に、総裁政府を倒して権力を握ることとなった。これ以後、1814年まで、ナポレオンがフランス人民の皇帝として君臨することとなる。

ナポレオンに敵はたくさんいた。

セントヘレナ島で毒殺される前にすでに彼はイギリスによって毒殺されるかもしれないと周辺に言っていた。結果的に毒殺されたが、イギリスばかりでなくフランス国民の仕業である可能性さえあった。

当時のフランスは革命の時代であり、貴族と平民の戦いの場であったといえる。

このような権力側と住民側ということを考えると、ナポレオンという存在は、いまで言う第三極といえるだろう。彼は平民に近い出身である。フランス革命が行われ、住民が政権を奪ったわけであるが、一般市民はまだ賢くなく、結局貴族が世の中を支配していった。

貴族は子どものときから「お前は上に立つ人間だ」と言われ、法律などを教わって育ってきた。ところが人民は教育をあまり受けていないために品格がなく知識も浅かった。かといって一度勝ち取った自由を手放すわけにはいかなかった。

この時代のフランスでは平民は第三身分と言われており、まだまだ品格は備わっていなかったが、かといってブルボン王朝の時代に戻ってまた一部の人間が富と権力を握るのもゆるせなかった。ここで登場したのがナポレオンであった。

平民の中から、「あなたにこのフランスの国を任せたい」という民意を得ることで、皇帝となった。

ナポレオンそのものの生き方は、貴族の上に立ちながら平民の上にもいて、貴族には平民の側についていると見られ、平民には貴族寄りだと思われた。そのような中、とても孤独でありながら権力を手にした男こそが彼の生き様であった。

彼は毒殺される半年ほど前から体調が悪く（おそらく徐々に毒をもられていたため）なっていった。

頭の中に砒素が入り込み、正常な状態でない、死の淵をもうろうとした中でいくつか発した言葉がこれである。

「神よ、フランス国民よ、私の息子、軍隊の先頭」

文章としては形を成してはいないが、ここに彼の無念さが現れているといえる。彼が一番大事にしてきたものを羅列した言葉が最期の言葉となった。臨終の際に立ち会った人々の証言によれば、このとき左の目から涙が流れたという。

彼は、王制と民主制度との戦いの歴史の中でもまれていった英雄であった。これまでの歴史では、ハプスブルグ家やブルボン王朝、オスマントルコとギリシアなどの戦いにおいても支配側の戦いであって、平民の歴史ではなかった。ナポレオンは正しく平民が選んだ皇帝であった。平民からも愛され、貴族からも一目置かれ、まったくいままであったような王朝政治でもなく民主主義でもない別の輝けるフランスを築き上げていった。

死ぬ間際ではないが、ワーテルローの戦いからセント・ヘレナ島に流されるまでの間、彼はほぼ死を覚悟したときに言った言葉がいくつかある。

「苦しみに耐えることは、死ぬよりも勇気がいる」

彼は、負けた後でも死を選ばなかった。死ぬことは単に安易な道であるからだ。人間には、生き抜いて、苦しみに耐える覚悟が必要だということを伝えたかったのである。そして、この言葉はフランス国民に対してあきらめてはいけないという精神を与えた。

彼が最後まで生き延びようと努力したことをみんなが知ることによって、後に甥がナポレオン3世としてフランス国民に支持されて大統領になるのであった。もうひとつは、

「生きている兵卒のほうが、死んだ皇帝よりもずっと価値がある」

この言葉は、兵士たちのやりがいを目覚めさせることとなった。それまでの王制の時代の中で、王が兵士よりも価値がないとはだれも言わなかった。しかし、彼は生きている兵士の方が死んだ皇帝よりもよっぽど価値があると言ってのけたのである。

これは、マネージメントの世界で言うと、実際に働いた人間の方が、上から見ているだけの人間よりも、地位は低くても、価値があることを言っている。

何を大事にしていけばいいのか、部下に対しての評価基準を彼は明確にしたといえる。時々、経営者の中にも気まぐれで人を評価し、気まぐれでひいきすることがあるが、彼の場合は首尾一貫して自分の価値観や評価基準を明確にしていた。それが当時最も巨大であったフランス軍を動かすことになったのである。

いまの時代でも言えるが、どんなに巨大でいい組織を作ったとしても評価基準がしっかりしていなければ戦えない。そして、彼は生きるということは死ぬことよりもよっぽど大事なことであると言い続けた。これは、企業でいうならば、ひとつの事業をあきらめて別のことをすることは簡単なことだが、やり始めたことに関してあらゆる手段

を講じてやりぬくことが勝利につながるということも実践で証明してきた。

彼は、辞世の句にもあるように、常に先頭にも立って行動した。そこで、もうひとつ生きることに対して、感想を述べた言葉がここにある。

「生きたいと思わねばならない。そして、死ぬことを知らねばならない」

生き続けることも大事であるが、いつか迎える死について、その死に様も知っておかなくてはならないということを伝えている。これは、企業でも同じことで、ひとつの事業をとことんやり続けることも大事であるが、もしダメな場合はそれを撤退することも考えておかなくてはならない。生きるということは、死を無視するのではなく、死を意識しながら生きていくことに真理があると考えていた。これがわかれば、成功や失敗に関して、両方を見据えているからこそ成功への道が見えるということにもなる。

彼の人生は幸せであったのかと考えてみると、最期は毒殺され不遇であった。しかし、幸せということに関して、ここまで上り詰めた人の考え方は、この名言でわかる。

「幸せは香水のようなもの。他人に振りかけようとすると、自分にも2、3滴振りかかる」

彼は自分だけが幸せになろうとは思わなかったが、常にフランス国民を幸せにしようと考えていた。また、同時にフランスの貴族も守っていこうとしていた。そう行動しているうちに自分もどんどん幸せになっていくことを知っていた。他人を幸せにしようと尽力すると自分にも幸せが降りかかってくる。だから、自分だけ幸せになろうと思ってはいけない。他人の幸せがやがて自分の幸せにつながるといった強いメッセージが込められた男らしい生き方であった。

当時、強靭なフランスに対して、イギリスやロシア、オーストリア、プロイセン、サルデニア、オスマントルコなどの国々によって対仏同盟ができるほどであった。それでもフランス軍は勝ち続け、歴史上で言えば、後のナチスドイツ以上に恐れられていた存在であったに違いない。それでも勝ち続けることに対して運がいいとは思わず、しっかり理論付けていた。それでも勝ち続けることに対して運がいいとは思わず、しっかり理論付けていた。それこそが、彼が後世に残した行動哲学によるものであった。

「じっくり考えろ、しかし行動するときがきたら考えるのをやめて進め」

物事にはスピード感が必要である。しかし、考える時期は必ず必要だ。ただし、行動を始めたら突き進まなくてはならない。いまの政治でいえば、マニフェストなど政党そのものに対して考える時期は必要である。ただし、動き出してから、こうしたら失敗するのではないかと、考えることはマイナスに作用することが多い。ビジネスでもそうであるが、決めて行おうとして、そこで考えるとやめたほうがいいのではないかと躊躇しがちである。それよりも進んだほうが成功が近いことを彼は言っているのである。

「一頭の狼に率いられた百頭の羊の群れは、一頭の羊に率いられた百頭の狼の群れに勝る」

成功したければ狼になれ、リーダーが強い狼であれば、弱い一頭の羊に率いられた多くの狼よりも強いことを表現している。よきリーダーが率いれば強い国は必ずできることを確信し、述べた言葉である。

彼は、「ナポレオン法典」という法律も作ったが、これは後のフランスの法律の基礎になり現在も活かされているのである。

ナポレオン・ボナパルトは、
ルール作りや評価基準など
組織のある様を最も近代的に築いた天才であった。

人生五十年
下天《げてん》のうちをくらぶれば
夢幻のごとくなり
一度生を受け
滅せぬもののあるべきか

織田信長（おだのぶなが）

1534 ― 1582

戦国時代から安土桃山時代にかけての武将・戦国大名。
畿内を中心に強力な中央集権的政権（織田政権）を確立して
天下人となった。

スピード感が勝機を掴む

面白いのは、信長は辞世の句を2回詠んでいるところにある。しかも、同じ句を2回詠んでいる。

ひとつは、本能寺の変のとき、火を放たれて、森蘭丸の前で舞を舞いながら詠んだもので、あまりにも有名な場面である。

「人生五十年　下天のうちをくらぶれば　夢幻のごとくなり　一度生を受け　滅せぬもののあるべきか」

これは幸若舞で演じられる「敦盛」（平家物語）の一節を流用したものである。

人間の一生は所詮50年。天上世界の緩やかな時間の流れに比べるとはかない夢や幻のようなものである。最後は命あるものはすべて滅びてしまうのだから。そこには、生きているうちにやれることはやりつくさねばという決意がみえる。

実際に信長は別の場面で同じ句を詠い、舞を演じている。それは桶狭間の戦い直前のことである。この戦いは信長にとって死を覚悟した戦いであった。今川義元、2万5千人の軍勢を相手に織田方2千人という数だけで見れば勝ち目のない戦いであった。だからこそ生きているうちに行うことが自分の生きた証になると舞い詠ったのである。

さらに、この句の面白さは、仏教観が現れているところにある。仏教の世界に下天という世界がある。

仏教の世界観の中には、六欲天という、欲望に捉われる6つの天上界があり、上に行くほど欲を離れていく。ＩＴで成功した楽天もこの六欲天の上から2つ目にある化楽天からとったのかもしれない。この化楽天の中では、一昼夜は人間界の８００年にあたり、下天というのは六欲天の最下位で人間界に近いのであるが、それでも一昼夜は人間界の50年にあたる。「下天のうちをくらぶれば」という信長の考え方は、下天ではたった一昼夜のこと、そのぐらいあっという間に時は流れる。信長の中に常にあるのは、所詮世の中はスピードであるということであった。このスピードに遅れることを最も恐れ、秀吉や家康のように和を保つことは二の次であった。ただし、このスピード感はいまのビジネスにおいても必要な部分であるといえる。

信長にとって自分の生きている一生という50年に対してのスピード感はたった一昼夜のことのようであった。このスピード感があってこそ、勝ち目の少ない桶狭間の戦いに臨ませることになった。要は待てなかったのである。少数の軍勢でいきなり本陣を急襲し、大将をあっというまに討ち取ってしまった。人生を一昼夜のように生きている信長からすると、いま目前にいる2万5千人の軍勢への対し方が違っていたのであろう。秀吉であれば仕掛けを綿密に練ってから戦うであろうし、家康ならば手勢が増えるのを待ってから戦うであろう。ところが、信長はここがタイミングだと思えば勝ち負けを考えずに仕掛けていったのである。その結果勝機を得た。

いまのビジネスにとっても同じことがいえる。最も重要な機が熟したときに、ただそれだけで攻められるかどうかが上に立つものの度量となる。現代の世界は、人が臆病になりがちで、石橋を叩いて渡るのが当たり前の時代になってきた。ただし、石橋を叩いて渡っているうちに、時代は追いつけないぐらい先に行ってしまう、そんな時の流れというスピード感が高まっているのが現代である。10年違うだけで街の姿が変わってしまうのがいまである。だからこそ信長の生き様から、いま失敗しようがやらなくてはならないときにできないようでは物事は大成しないというメッセージが込められていることがわかる。

たとえば、碁の世界の中に、置石や捨石があるが、信長の生き方もそれであった。スピードを重んじたあまり部下をも大切にしなかったのであろう。

2度詠んだ辞世の句に関しても、桶狭間の戦いのときにすでに、半分死を覚悟してスピードを優先したからのことである。自分すらも大事にしなかったことがわかる。この戦いのときに信長は策略というよりもすべてはスピードを重視してあとは運を天にまかせる。そういうときが経営者であれば一生に何度か出会うはずである。勝てるまで動こうとしないのであれば家康のように運気に恵まれない限り自分の代では成しえないかもしれない。また、秀吉のように策略を練っていても勝てる仕掛けすら間に合わない場面もある。そういったときに信長のこの言葉をかみしめてもらいたい。

織田信長は、
戦国の世を一夜で駆け抜け
その後の日本に影響を与えた器量のある
大うつけ者であった。

真木和泉

大山の峰の岩根に
埋めにけり
わが年月の大和魂

真木和泉（まきやすおみ）

1813－1864

江戸時代後期の久留米水天宮祠官、久留米藩士。
尊皇攘夷派の活動家。

柔軟に修正できる心を持たなくてはならない

真木和泉は長州が幕府から攻められていた時代に生き、尊敬されていた幕末の論客であった。久留米水天宮の宮司官であり、久留米藩士でもある。吉田松陰亡き後、尊皇攘夷派のリーダーであった。ヨーロッパの列強4カ国連合から攻められ、長州征伐も受け、長州が最も大変であった時代の源となった歴史的な大失敗をした参謀が真木であった。その大失敗とは、蛤御門の変である。

蛤御門の変（禁門の変）は、京都を追放されていた長州藩が、会津藩主・京都守護職松平容保らの排除を目指して挙兵、京都市中において市街戦を行った事件である。真木和泉はこのときの長州軍のオピニオンリーダーであった。

真木は、長州藩の久坂玄瑞たちと共に、久留米藩の有志たちを引き連れて進軍。しかし、事破れて天王山に逃げ落ち、もはやこれまでと同志16名と共に自刃する直前に詠んだのがこの句である。

「大山の峰の岩根に埋めにけり　わが年月の大和魂」

この辞世の句には、自分はもともと神官でもあるが、久留米藩、天皇へ迷惑を掛けてしまったとの無念の思いが感じられる。

蛤御門の変は長州が狂ってしまったことで起きた事件であった。当時は薩長連合がまだ実ってなく、薩摩は会津とも仲がいい時代であった。当時の京都の状況は、幕府の力が弱まるにつれ、これまで京都に屋敷を置くことが許されなかった各藩は、法をなし崩し、尊皇攘夷の元、京都に屋敷を造りだした。それに対して幕府は目をつぶるしかなかった。なぜかというと、天皇の下に主だった人物が集まりだしたからだ。政治が江戸でなく京都で動き出した瞬間がこの頃である。ところが攘夷論に走っていた長州は、会津藩と薩摩藩とぶつかるようになり、長州が言うことを聞かないという理由で幕府が長州を毛嫌いするようになってきた。そして、長州が薩摩・会津・福井藩などに京都を追い出されることとなる。そのことを根に持って起きたのが蛤御門の変だ。この後のイギリス、フランス、オランダ、アメリカの４カ国連合との馬関戦争（下関沖を通る外国船に対して長州は砲撃を行った）が起きる。そして、京都を追い出された長州が大逆転の一手を打とうと、京都御所に押し入ろうとしたのが蛤御門の変である。理由は、天皇を奪還し、そのまま比叡山に囲い込み、自分たちが天皇側として全国に声を掛けようとしたのである。このときのオピニオンリーダーが久坂玄瑞であり真木和泉であった。

　このときの真木和泉は齢、51歳であった。亡くなったときは52歳。勤皇の志士たちはほとんどが30歳前後であるため、志士たちからすると父親のような大人であった。

　彼自身は伝説になっているような話がある。

　久留米藩で勤皇を立ち上げ、藩政改革を目指したが失敗。そのため９年３カ月の間、蟄居させられている。

　この間に「山梔家《さんしか》」という藩塾を作り、来る若者たちに尊皇攘夷を教えていった。いわゆる久留米藩の吉田松陰であったといえる。

　また、塾の庭にはくちなしを植えて当時の権勢に対して「俺には口がない」と痛烈な批判を行っていた。そのような生き様が吉田松陰とかぶるが、いわゆる一人の年老いたオピニオンリーダーである。会社でいえば専務のようなもの。遅咲きではあるがまじめな人間であった。後に、久坂玄瑞と共に蛤御門に真っ直ぐ向かって行った。そのときにそれを追いかける二人がいた。それは、長州藩からイギリス留学をさせてもらった伊藤博文と井上聞多であった。この二人は目の当たりにイギリスの産業革命を見てきたわけである。当然、日本の大砲のレベルも知っている。当時の日本の大砲というのは、砲門の中に丸い玉を入れ、撃つ。要は火薬の力で鉄の玉を飛ばすということ。しかし、イギリスの大砲は弾の形がとがっており、中にも火薬が入っていた。大砲ひとつをとってもイギリスにはかなわないことがわかっていた。馬関海峡で無差別に大砲を撃つ長州藩の話を聞いて留学を切り上げて戻ってきた。天皇を奪還してなおかつこれから４ヶ国連合と戦うことがいかに無駄なことであるかということを説いた。そのときに慎重派も急進派もいた。急進派の中には来島又兵衛。慎重派には久坂玄瑞、井上聞多、伊藤博文がいた。慎重派は戦っても勝てないことを訴えることで藩は迷走した。全員がこの表決に関して、これから軍を進めるべきかどうかを真木に委ねた。

そして、最終的な結論は、真木の歴史的なミスジャッジであった。結果として長州藩は蛤御門を打ち破ることができず、天皇を奪還することもできなかった。それどころか優秀な人材である久坂玄瑞、来島又兵衛を戦死させ、長州派の公家を連れて逃げ延びる最中、彼は歴史的な敗北を認め切腹をしたのであった。

彼の中では自分の人生に対しては勤皇のために行ったこと。だからなんの悪びれもなく自分を殺していく。やはり、ここに彼のまじめすぎるがゆえに修正できない生き様があった。年齢が上であるために引けず、撤退するのも勇気であることを認めようとしなかった。

人間と言うものは修正できない心はどうしても地位が上がっていくにつれ増していくものである。マーケッティングの世界でも同じことが言える。たとえば、いつまでも間違いを続けているのが日本の家電業界である。よかったときのイメージのまま修正が利かないため海外のメーカーに抜かれようとしている。

彼の生き様の中でよく言っていた言葉が、

「天も真にて天なり　地も真にて地なり」

天や地はきちんとそこにある。同じように人間にもあるべき姿があるはずだ。そこには、事の理ではなく、たとえば、天皇を攻めなくてはならない、守らなくてはならないというのには、途中で変更のできない理由があるのだという生き方をしてきた。これは現代の経営者によくありがちなことで、成功体験をいつまでも引きずることで変更できないでいることが多い。修正できないために、時には最後の失敗をまねき、苦節の人生を歩むであろう。ここにもうひとつ言えることは、成功者は柔軟に修正できる心を持たなくてはならないということである。

この修正が上手かったのは、初代内閣総理大臣であり、大日本帝国憲法の創始者である伊藤博文であった。

伊藤は周りの人間に対して過度の期待もせず、信頼はするが、100％しか実力がない人に200％やれとは生涯言わなかった。成功者は自分が200％できたときのことを思い出して、人にもできるだろうと思いがちである。そして、信長が桶狭間の戦いにおいて少人数で今川の大軍勢を破ったように誰かができたのだからできるだろうと考える。本人ならできるだろうがその周りの人はそこまでできないかもしれないという客観的な評価を見誤ってしまうのである。ちなみに伊藤が自分の子どもに対して言った言葉で面白いのが、

「お前に何でも俺の志を継げよとは無理は言わぬ、持って生まれた天分ならばたとえお前が乞食になっていても俺は泣いて悲しまない。金持ちになったとしても喜びもせぬ。だから、お前が留学して成功するか失敗するかそんなに肩を張らなくていい」というほど身内に対してさえも修正が利いたのであった。

それと間逆の人生を歩んだ真木の辞世の句と吉田松陰の辞世の句が非常によく似ていることにも注目したい。

松蔭の有名な句を紹介しよう。

「身はたとひ 武蔵野野辺に 朽ちぬとも　留め置かまし 大和魂」

私の命がこの武蔵野で果てるとしても、私の思想はここに留めおく。自分が死んでもその思想を継ぐ者が現れて必ず素晴らしい日本を創造してくれることを願っていた。

真木の中では自分より少し若くして、先に亡くなった吉田松陰に対して憧れもあった。同じような気持ちを持って日本を見ようと、その精神を引き継いでいこうという気持ちがあったのであろう。だから、長州藩を引き連れて京都に上ったと思われる。しかし、吉田松陰は長州や日本に捉われず世界の中に勉強をしに行くために軍艦に乗り込んで知識欲で生きていた人であった。真木が目指した吉田松陰は、方向

が間違っていた。真木が受け継いだのは大和魂だけであったのではないだろうか。

真木和泉は、
頑固さゆえに大失敗をした修正の聞かない
男であったが尊敬された幕末の論客であった。

吉野山峰の白雪ふみわけて
入にし人の跡ぞ恋しき

しづやしづ
しづのをだまき
くり返し昔を今になすよしもがな

静御前（しずかごぜん）

1168－1189

平安時代末期から鎌倉時代初期の女性で白拍子。
母は白拍子の磯禅師。
源義経の妾。

信頼できる人間関係を築くことが重要

平安の世、平氏と源氏の世界において、踊り歌った白拍子であり源義経の妾であった女が静御前である。この静御前が死を覚悟して詠んだ句が珠玉である。

場面は、源氏と平氏の時代、頼朝が鎌倉幕府を作る前に平氏と源氏がいろんなところで戦いを繰り広げ、やがては源氏が鎌倉に幕府を築く。実際には義経が戦いの先方であり、頼朝は鎌倉で指示を出す頭領であった。

世の中では義経の人気が高まっていき、頼朝の嫉妬心や猜疑心が大きくなり、ついには義経追討の令が降りた。義経は奥州に逃げのび、静御前は鎌倉の頼朝の元へと連れて行かれた中で詠まれた句である。

当時の考え方として、相手が平氏であれ源氏であれ、いったん敵になったものは根絶やしにするというのがあった。頼朝は鎌倉に生きのびさせられたために、源氏をまとめて平氏を滅ぼすことができた。それを考えると生き延びさせることへの恐怖があった。頼朝からすると静御前は義経が愛した女であったため救ってもいいといった気持ちはあった。そのような中、鎌倉の御家人たちを集めた夕食会で舞を舞う機会を彼女に与えた。御家人たちだけでなく北条政子も同席した中で、静御前を踊らせたのは、義経の愛人である彼女に自分をたたえる歌を歌わせることによる権力の象徴を求めたからであった。このときの静御前のお腹には義経の子どもが宿っていた。そんな中で彼女が死を覚悟して舞いながら詠った歌がこれである。

「吉野山　峰の白雪　ふみわけて　入にし人の　跡ぞ恋しき」

「しづやしづ　しづのをだまき　くり返し　昔を今に　なすよしもがな」

義経が大好きでたまらない。吉野の山をふみわけて行ってでも義経が恋しいと詠った。しづやしづは、義経が静や静と声をかけてくれているあなたがおだまきから糸が繰り出されるように繰り返し、あの日々が昔のように帰ってくる方法はないのかと歌っている。この歌を聞き事情を知っている御家人たちは一同涙したという。同席したみんなは、頼朝と義経の関係を知っている中で、この期に及んで義経が好きだと堂々と歌い舞った静の美しさと覚悟に圧倒された。

ここに北条政子が出てきて、頼朝に対し、夫を想う気持ちは誰も変わらない、もしあなたが義経と同じ立場になれば私もこのような場面で必ず同じことをしたでしょうと言った。そのようなことがあって、静は手打ちにされずに済んだ。ただし、頼朝は生まれてくる子どもが男の子であれば殺すと言った。結果、男の子が生まれ由比ガ浜に沈められたのである。

頼朝の鎌倉幕府は結果として三代で終わってしまう。頼朝は、自分の幕府ではなく、結局は北条家の幕府の操り人形であった。それだけでなく、頼朝は義経と違い、女性など弱者に対する扱いが強者に対する扱いに気を使うあまりへたであった。

現代でもマネージメントというのは、社内にいる老人や新入社員、女性などの扱いに関して好かれるものでないと長期政権は作れない。当時は男性社会であったが、それをサポートしてくれている女性に対しての扱いを誤るとマネージメントとしてうまくいかないのである。

高杉晋作が農民などの力を借りたように、権威のないところのマネージメントができていないとうまくはいかない。人はミスもするし、活躍もする、恋もする。そこに対して、どれだけ配慮できるかで自分が伝説になれるかが上に立つ者の裁量にかかっている。

頼朝は北条家の婿養子になったために一生北条家に頭が上がらない。そのようなことから推測すると、義経が羨ましかったのではないかと思われる。義経には妻が2人おり、静御前は愛人という立場であった。頼朝が紹介した川越重頼の娘を正妻とし、平清盛の親戚筋である平時忠の娘を側室として迎えていた。それでも静御前と恋に落ちていた。頼朝はこのような器用なことができなかった。頼朝からすると自由に恋をし、戦いに勝ってちやほやされる弟がうらやましかったのではないだろうか。それにもまして武家の娘でもない踊り子が死を覚悟して舞うなんてことは許せなかったのである。

義経と静御前の出会いは、戦に勝ちまくった義経が宴の席に呼ばれた時であった。この席で舞を舞ったのが静御前である。

強い義経のことを体の大きないかつい男ではと想像していた静御前は、そのきゃしゃな義経を見て恋に落ちたという。どうやら義経は今風の男前であったのではと思われる。

義経の母、常盤御前は、京の中の１０００人の女性の中から１００人をよりすぐり、その中からさらに10人を選んだ中から一番きれいだと言われている人物であった。いまでいうとミスコンの優勝者ということになる。その子どもであるから義経は美丈夫であったのではと思われる。母親の異なる、頼朝と比べ、美しい若者、才が立つ、戦いの名声、どれをとっても羨ましいばかりであった。

源平の時代、義経の母、常盤御前は、平氏に対して、命乞いをして頼朝と義経を救ってもらった後に平清盛の嫁になっている。後に清盛との間に子どもを生むため、清盛からすると義経は義理の息子になる。そのため義経は平家にも好かれていた。そのことも頼朝は気に入らなかった。

ここにも教訓がある。できる部下を持ったときに上司はどうあるべきか。頼朝はできる部下を切った。しかし、義経は兄頼朝に反旗を振りかざすことはなかった。兄はいつか気づいて許してくれるに違いないと思っていたからである。この義経の人間性の良さを民も愛したのだ。しかし、結果的には奥州に追われ、最期を遂げる。

ここで義経と弁慶の返歌になっている最後の歌を紹介したい。

「六道の道のちまたに待てよ君　遅れ先立ち　習いありとも」（弁慶）

「後の世もまた後の世も廻り会へ染む紫の雲の上まで」（義経）

あの世で待っているよ義経さん。先になるか後になるかわからないがどこに行こうとあなたに仕えますよ。それに対して、義経は、もし次の世で会えなくとも、その次の世でもお前を待っているよ。雲の果てまでも弁慶、お前は私の家来だぞと返歌した。

この句を詠まれて、弁慶は何が何でも義経を守って死んでいこうと決意したのである。このような義経の愛情溢れた心意気が日本人の心の中にはある。

そこで、冷徹なビジネスマンである頼朝と上司よりもできる部下であった義経。上司を信じて止まなかった弁慶。このような例はいまの世の中にもたくさんある人間関係だがどうすればすべてがうまくいくか少し考えればわかるであろう。できる部下を立てる方法を人は覚えないと、うまくいかないはずである。自分よりできる部下を潰す人がいるがそれは最もお粗末なマネージメントといっていい。

静御前は、
切ない恋を演じた
日本の歴史上最も有名なエンターテイナーであった。

石川や
濱の真砂は尽きるとも
世に盗人の
種は尽きまじ

石川五右衛門（いしかわごえもん）

生年不詳ー1594

盗賊の首長。
文禄３年に捕えられ、京都三条河原で一子と共に煎り殺された。

民衆を味方につけることが大切である

石川五右衛門は、いまでは知らない者がいないほど有名な安土桃山時代に出没した盗賊である。

当時、京の都を荒らしまわっていたが、ある時、豊臣秀吉が伏見城に持っていた千鳥の香炉を盗もうと城に忍び込んだところを手勢に捕えられ、京都三条河原で釜茹での刑に処されることとなった。

世紀の大盗賊、石川五右衛門がいよいよ釜茹での刑でこの世を去るときに詠んだ句がある。

「石川や　濱の真砂は尽きるとも　世に盗人の　種は尽きまじ」

これは、現代にも伝えられ、歌舞伎の「楼門五三桐」の中にも出てくるもので、有名な辞世の句といえる。

しかし、歴史上で武将でも公家でもなく女性でもない、歴史的に世の中に何かを残した者でもない人物。世の中で泥棒が辞世の句を残したのはおそらく五右衛門だけであろう。

また、海外のどこの国の文献を覗いても盗人が辞世の句を残すような文化はない。こういったものを受け入れて浄瑠璃や歌舞伎へと転換する素晴らしい文化こそ日本独特のものであるといえる。

この句に出てくる「石川」とは、自身の名、及び自らの出身地であるいまの石川県のことである。

自分が亡くなっても、石川県がなくなっても、たとえ砂浜がなくなったとしても、この世から盗人はいなくはならないであろうと言った。俺を殺したところで盗人はいなくはならない。国に盗人が出ざるを得ない環境にある限り何も変わらないのだというメッセージが込められていた。

この当時の処罰の仕方はすさまじかった。

五右衛門だけでなく母親や子ども、一族郎党（15人の頭目）すべてが生きたまま油で煮られた。歴史上では、五右衛門が子どもを掲げたまま茹でられていく姿はあまりにも有名である。そして、このときのさまを風呂に見立てていまでも五右衛門風呂として残っている。

五右衛門は弱いものからは盗まない義賊であったがため、その生き様は当時の庶民には受けたようだ。秀吉からすると自分の寝床まで五右衛門が現れたことが許せなかったがために重罪になったといえる。

当時の町の風潮としては「また大金持ちが石川五右衛門にやられられたらしい」という噂話が蔓延し、やがて五右衛門は庶民のヒーローになっていった。

そのことを裏付ける証拠が大雲院の中に五右衛門の墓があることでわかる。

戒名は「融仙院良岳感禅定門」。

これは当時にしては破格のこと。この戒名は出家僧の中でもよい行いをした得の高い人に付けられるものであり、死して五右衛門は神になったといえる。重罪で罰せられ、秀吉からすると疎い存在であったにもかかわらず戒名まである。それだけ、民衆から愛された証がそこにあった。

五右衛門が捕まえられた場所は秀吉の寝所であった。捕らえられた五右衛門が秀吉による直の調べに対して吐いたタンカは「大盗人の棟梁はお前だ、天下を盗んだではないか」（説話本「賊禁秘誠談」より）であった。これは、秀吉を喜ばせたのではなかっただろうか。

五右衛門が死して神になることをみてもわかるように、生き様そのものが傾奇者であった。

「絶景かな、絶景かな、春の眺め値千両」（南禅寺の山門の上から満開の桜を見ながらのセリフは歌舞伎「桜門五三桐」より）。

そして、このシーンからもわかるように、その痛快な生き様こそが大衆の指示を受け、味方につけていくものであった。

マーケッティング的に言うと時代の最先端をいくことと民衆を味方につけることでビジネスをリードしていけるわけである。

昨今では、法改正によるインターネットでの薬の販売などもいい例で、離島など不便なところの人でも手軽に手に入れられるようになったのもいい例である。それを乗り越えても民衆の支持さえあればあとから法律が付いてくることがわかる。

石川五右衛門は、
庶民の心をつかんだ
マーケッティングの先駆者であった。

余は力を国民革命に
費やすこと４０年、
その目的は中国の自由と平等を
求むるにある。
現在、革命は、なお未だ成功せず

孫 文（そん ぶん）

1866 ― 1925

中国の政治家・革命家。
初代中華民国臨時大総統。
中国国民党総理。

実利を重視することで成功は見えてくる

孫文は、中国の政治家であり革命家でもある。初代中華民国臨時大総統にして、中国国民党総理であった人物。

「余は力を国民革命に費やすこと40年、その目的は中国の自由と平等を求むるにある。現在、革命は、なお未だ成功せず」同志諸君、奮闘努力せよ」

私は、40余年の革命活動の経験から、何よりも民衆を喚起してきた。世界中で我が民族と平等に接してくれる諸民族と協力し、力を合わせて奮闘して、これまでの支那史観、西洋史観、東洋史観を見つめ直し、西洋の覇権に対してのアジアの王道を優越させることが大事であると考える。しかし、いまだ成功しておらず、今後は私が著した『建国方略』『建国大綱』『三民主義』を目指せと言い残した。

孫文のいいところは、社会主義（中華人民共和国）と資本主義（中華民国）の両方の国から「国父（国家の父）」として海峡両岸で愛され認められている点にある。

孫文は、1866年、清国広東省香山県翠亨村（現中山市）の客家の農家に生まれる。ハワイにいた兄を頼って、ホノルル市のイオラニ・スクールを卒業。帰国後、香港西医書院（香港大学の前身）で医学を学び、ポルトガル領のマカオで医師として開業した。その後に革命家となっていく。どうやらチェ・ゲバラと同じように医師は、そのうち国を治したくなるようである。

清仏戦争の頃から政治問題に関心を抱き、1894年1月、ハワイで興中会を組織。翌年、日清戦争の終結後に広州での武装蜂起（広州蜂起）を計画したが、密告され頓挫し、日本に亡命することになった。

1897年、日本で孫文を支援し、辛亥革命を支えた革命家であり浪曲家でもある宮崎滔天（とうてん）の紹介により、政治団体玄洋社の頭山満と出会う。後に頭山を通じて知り合った平岡浩太郎から東京での活動費と生活費の援助を受けることとなる。さらに、日本での住居である早稲田の屋敷は犬養毅が斡旋したという、アジアにおける時の人であった。

中国では孫中山という呼び名が一般的であり、孫中山先生と呼ばれている。現在でも、100台湾ドル紙幣にも描かれるほど人気がある。日本名では中山樵（きこり）、高野長雄などとも呼ばれている。なぜ中山という名前を使っていたかというと、日本への亡命中、日比谷公園の周辺に住み、その近くに「中山」という邸宅があった。孫文はその家の表札の字がとても気に入り、自身を孫中山と名乗るようになったという。中華民国の国立中山大学や中山大学、南極大陸の中山基地、そして現在台湾や中国にある「中山公園」、「中山路」など「中山」がつく路名や地名はここからの命名である。

孫文の人生は、挫折の繰り返しであった。それをその都度修正しながら生きてきたといえる。いまの中国をみてもわかるが、個々人がかってなことばかり言う傾向がある国を変えるのはよっぽどの柔軟な修正ができないと不可能であったのであろう。

1899年、義和団の乱が起こり、翌年、孫文は恵州において再度挙兵するが失敗に終わる。その後、1902年、日本人の大月薫と駆け落ちに近い状態で結婚した。

その後、アメリカを経てイギリスに渡るが、一時清国公使館に拘留される。そのときの体験を『倫敦被難記』として発表。世界的に革命家として名を売ることとなる。この後、清朝打倒活動のために「1870年11月、ハワイのマウイ島生まれ」といった扱いでアメリカ国籍を取得した。

孫文の生き様には、共産党とも仲良くり、国民党とも仲良くなるといったイデオロギーのなさが目立つ。要は勝つためには手段を選ばないのだ。たとえば、マルクスがロシア国籍を捨てるようなものである。そんなことはありえないことである。ましては、欧米列強を嫌っているのにアメリカ人になるなんてことも考えられない話である。こういったことは、結果を優先する孫文にとっては、たいしたことではなかったのであろう。

漢民族である孫文は、長い間、満州民族の植民地にされていたことに対して「独立したい」「辮髪もやめたい」という願いがあった。その願いが孫文をいっぱしの革命家に育てていったのである。

やがて、日本亡命中に孫文の才能は発揮された。東京の池袋でそれぞれイデオロギーの異なる、興中会、光復会、華興会を束ねて中国同盟会を結成することに成功した。同時にここで、後のキーマンである日本に留学中の蒋介石と出会うことができた。

1911年、共進会と同学会の指導下、武昌蜂起が起き、各省がこれに呼応して独立を訴える辛亥革命に発展した。この革命により独立した各省は武昌派と上海派に分かれ革命政府をどこに置くか、また革命政府のリーダーを誰にするかで争っていた。そんな中、異なるイデオロギーを取りまとめるのが得意な孫文がアメリカから上海に帰ってくると、革命派たちは歓迎し、翌1912年1月1日、孫文を臨時大総統とする中華民国が南京に成立した。これで中国はひとつになった。

1913年3月、国会議員選挙において孫文が理事長である「国民党」が870議席の内401議席を獲得する快挙を成し遂げた。この後、袁世凱という国民党の将軍が台頭し、宣統帝（愛新覚羅 溥儀）の退位と引き換えに清朝の実力者となった。袁世凱は自身の権力拡大を計り、今度は国民党の弾圧をはじめた。このことを良しとしない人たちが、1913年、袁世凱打倒のための第二革命が始めた。そこで、1914年に孫文は中華革命党を組織して革命を牽引したが、袁世凱は議会解散を強行した。翌年、袁世凱は共和制を廃止、帝政を復活した。それこれで中華民国は崩壊し、袁世凱は中華帝国大皇帝に即位した。それを受け、反袁・反帝政の第三革命が始まることとなった。こういった情勢の中で孫文は再度日本に亡命した。

このとき、孫文は、「明治維新は中国革命の第一歩であり、中国革命は明治維新の第二歩である」という言葉を犬養毅へ送っている。要は、日本と中国は表裏一体であると捕らえていたのである。どうやらこのときの日本の存在は中華人民共和国に対して大きなものであったようだ。

ところが、1915年、第一次世界大戦中の日本が中華に対して21ヶ条要求を北京政府に突きつけた。1919年1月には、パリ講和会議によってドイツから山東省権益が日本に譲渡されたのを受けて、中国全土で「反日愛国運動」が盛り上がった（五・四運動）。このときに孫文は愛していた日本に裏切られた気持ちになり、親日から一転、「連ソ容共・労農扶助」と親露へ方針を転換していくこととなる。

この結果、「孫文・ヨッフェ共同宣言」を発表。中国統一運動に対するソビエト連邦の支援を誓約した。

このように孫文は切り替えるのが早かった。時の動きに即訴える手法こそが孫文の生き様であった。

1923年には、共産党と国民党をひとつにする国共合作での中心人物となった。さらに1925年にはソビエト連邦により中国人革命家を育成するためにモスクワ中山大学を設立。

そのような状況でありながら、1924年に、孫文は神戸高等学校で「大アジア主義」の講演を行っている。そこでは、日本に対して「西洋覇道の走狗となるのか、東洋王道の守護者となるのか」と問い、欧米の帝国主義に対して、東洋の王道・平和主義を説き、日中の友好を訴えた。

1925年、神戸から北京に渡り、肝臓がんによって、志し半ばで亡くなった。棺を北京から南京に移す際に、国民政府が告別式を行い、国賓の礼を以て参じた犬養毅が祭文を朗読した。葬儀には犬養毅、頭山満だけでなく、イタリア主席公使、蒋介石も参列した。

孫文は生きている間に道筋をすべて築いていたため、死後も意志は受け継がれていった。そして、上海で発生した五・三〇事件を背景にして、汪兆銘は広東国民政府を樹立。1926年、約10万の国民革命軍が組織される。総司令官には蒋介石が就任し、孫文の遺言でもあった北伐を開始した。1927年、蒋介石の上海クーデターにより国共合作は崩壊したが、国民党は北伐を継続した。そして、1928年6月9日には北京に入城、北京政府を倒すことに成功した。

孫文の残した業績をマーケッティング的にいうと、「実を取って体裁は捨てる」といったものが思いつく。何事も経営者は体裁や情を気にするものであるが、実際にはそれは何のプラスにもならないことを伝えている。取捨選択においても実利を重視して進んでいった結果が孫文の生き様であった。最終的に実利を取りさえすれば、過程がどうあろうとすべての人に好かれることを証明したのであった。

孫文は、
時代の流れに即対応する素早さで民衆を牽引した
中国海峡両岸で尊敬される政治家であった。

Adolf
Hitler

音楽が終わったら
明かりを消してくれ

アドルフ・ヒトラー

1889－1945

オーストリア出身のドイツの政治家。
ナチスの党首。
第二次大戦の中心人物。

具体的に想像できることが実現への近道

ヒトラーの最期はだれもが知る劇的な一幕であった。

4月30日午後3時半、最後はエヴァ・ブラウン夫人とベルリンの地下壕の自室に入り、シアン化合物アンプルを噛みつぶすと同時にピストルでこめかみを撃ちぬいたとされている。最後に夫人とどういう話をしたかは不明であるだけでなく、いまだに遺骨さえ発見されておらず、地下壕の残骸の中にも自害を裏付ける証拠さえ見つかっていない。

「音楽が終わったら明かりを消してくれ」

この最期の言葉は、従卒のリンゲルに対して言った言葉である。ヒトラーはワグナーに心酔していたため、最後の音楽は、トリスタンイゾルテという曲、もしくはバルジハルという歌であったのではないかと思われる。

その曲を思い浮かべながら自分の人生をドラマに例えて最期を迎えたのであろう。要は人生そのものがヒトラーにとって舞台であった。ヒトラーという人生の最終幕が間もなく終わるから、明かりを消してくれ、と言ったのであろう。非常に詩的な最期で、人生観のすべてがそこに現れているといえる。

もともとヒトラーは頭の中に物事を想像できる人物であった。画家志望であり、建築家志望でもあったことから創造力に長けていた。しかし、それらの夢はことごとく挫折して政治家になったという経緯がある。しかし、政治家になってからも常に頭の中には物事の図面や絵が描かれていたのであろう。死に直面しての、この言葉の中にさえも横から聞いている我々に映像を思い浮かばせてくれるのは不思議である。ヒトラーが舞台にいて、幕が引き下ろされ、ワグナーの曲がかかっている。そこには、「それではみなさんさようなら」と言っている場面が想像できる。そして、消灯。このように場面をみんなに想像させることができる天才が彼である。

ヒトラーの言葉は聴衆を虜にした。そこでは、場面を想像させるにあたって自分の頭の中だけではなく、演説を聴く他の人にも言葉による情景がありありと浮かんでくるすごさがそこにはあった。

物事に対して、その光景と情景をみんなの頭の中に思い起こさせることができる言葉の使い方と話の持って行き方が演出できる人物であった。この方法は人の上に立つ人間には重要な術である。世の中には言葉ではきれいごとばかり言う人がいるが、そういう人の言葉には情景が具体的にでてこない。ところがヒトラーの言葉には、どの言葉にも情景が出てくるのであった。

たとえば日本語に翻訳されていても同じように情景が出てくるのが不思議である。

おそらくドイツ語は言葉ひとつとってもいろんな単語があり、表現が豊かだからといえるが、同様に日本語も表現の豊かさでは引けをとらない。この多くの言葉を駆使して話す姿は群衆を魅了したのであろう。

ヒトラーは演説の名手であり、聴衆の中に絵を描かせることの天才であった。たとえば、日本が真珠湾攻撃を行った後、その3日後の12月11日には日本に対しての演説を行っている。当時、同盟を組んだ国に対してどういう演説をするのか日本人は固唾《かたず》を呑んで注目したことであろう。

「諸君、我々は戦争に負けるはずがない。我々には3000年間負けたことのない味方がいるのだ」とドイツ国民に訴えるようにして日本へのメッセージを送ったのである。この言葉だけで日本人の心をつかみ、ドイツ心酔へと導いたのであった。このときの日本国民からすると大戦に向かっていく中で不安が高まっていた。そんな中、ヒトラーからこのような言葉をもらい、自尊心がくすぐられたはずである。

また、ヒトラーは、口だけではなく実態も伴っていた。絵を描いたらそれを現実化していくことも率先して行った。

マーケッティング的に言うなら、頭の中に絵を描かせるようなプレゼンテーション能力にはそれを補填する実行力が必要である。この能力を持っていたのがヒトラーであった。ユダヤ人を迫害したという多くの問題点もあるが、ヒトラーのいいところだけをみると、想像して実行できる人物であった。

1943年に、全部下の反対を押し切って、日本に対してジェット機の設計図や最新の潜水艦を2隻贈った。「あなたたちは、味方ですよ」と言うだけではないことを照明してみせたのである。

さらに、1944年夏には、ドイツの高校に英語に代わり日本語を必修科目として取り入れるように命令している。最初は1校だけをモデルケースに授業を始めることとなったが、最終的にはすべての高校で日本語を必修科目にする計画であった。

一般的に辞世の句は人に対してのものであるはずだが、ヒトラーは日本という国に対しての遺言も残していた。日本国民全員に対しての遺言はおそらく世界中を探してもないであろうし、日本もこのようなものをもらうことは後にも先にもありえないであろう。

「我々にとって日本は、いかなるときも友人であり、そして盟邦でいてくれるであろう。この戦争の中で我々は、日本を高く評価すると共に、いよいよますます尊敬することを学んだ。この共同の戦いを通じて日本と我々の関係はさらに密接な、そして堅固なものとなるであろう。日本がただちに、我々とともに対ソビエト戦に介入してくれなかったのは、確かに残念なことである。それが実現していたならば、スターリンの軍隊は、いまこの瞬間にブレスラウを包囲してはいなかったであろうし、ソビエト軍はブタペストには来ていなかったであろう。我々両国は共同して、1941年の冬がくる前にボルシェビズムを殲滅していたであろうから、ルーズベルトとしては、これらの敵国（ドイツと日本）と事を構えないように気をつけることは容易ではなかったであろう。

他面において人々は、既に1940年に、すなわちフランスが敗北した直後に、日本がシンガポールを占領しなかったことを残念に思うだろう。合衆国は、大統領選挙の真っ最中だったために、事を起こすことは不可能であった。その当時にも、この戦争の転機は存在していたのである。さもあらばあれ、我々と日本との運命共同体は存続するであろう。我々は一緒に勝つか、それとも、ともどもに亡ぶかである。運命がまず我々（ドイツ）を殲滅してしまうとすれば、ロシア人が『アジア人の連帯』という神話を日本に対して今後も長く堅持するであろうとは、私にはまず考えられない」。

これは、１９４５年2月18日にジャパンラブとしか思えないヒトラーの気持ちとして贈られた言葉である。

ヒトラーの実現者としての言葉は、響く言葉であった。マーケッティング的に言えば、このような言葉は経営者として、より具現的なものの言い方とよりビジュアルな思想を持つ必要を迫っている。今後（ヒトラーがいい悪いというのは関係なしに）、このような物事の進め方というのは成功への王道だといえるだろう。

また、別の視点から見て、ヒトラーの面白い言葉がある。

これは、自らの存在意義に関して言ったのであるが、「人をよりよくするのではなく、それらの弱点を利用するために私はこの世界に入った」。きれいごとではないためすごく伝わってくることがわかるだろうか。ここに正論ではなく具体的な目的地をみんなに示したのであった。同様に、ナポレオンに対してのコメントに、きれいごとでない自分であり続ける価値観を書いている。「ナポレオンの失脚の理由は、彼が皇帝になったことだ。もし私が黄金の馬車に乗れば国民は私を信用しない」とも言った。

おそらくヒトラーにはロマンがあったのであろう。そのロマンにみんなが夢を描いたのだ。これは、経営者にも必要なことで、夢を描かせてほしい。この商品を使ったらこうなるとか、この会社に入ったらこういう夢があるということこそが重要なのである。そんなヒトラーも戦争末期になり、敗戦が確実になったときにベルリンの地下壕で妻のエヴァ・ブラウンと亡くなる前日に結婚式を挙げている。翌日、愛犬ブロンディを毒殺した後で自殺した。ヒトラーにとってこの一連の流れは舞台上の芝居であった。舞台であればこそロマンがあった。

たとえば戦争末期となり自分が明後日、死のうと思ったときに、いったい何人の人がその前日に結婚式を挙げることをできる力量があるだろうか。死ぬ前にやるべきことはたくさんあるはずなのに、部下の前で、最後に費やした時間は結婚式であった。ここはヒトラーのロマンチストの部分であると思われる。

実際にはヒトラーはオーストリア出身であり、１９２５年まではドイツ国籍ではなかった。国家社会主義ドイツ労働党ナチス党首としてアーリア民族至上主義、反ユダヤ主義を掲げた独裁者として、名が通っている。１９２３年にミュンヘン一揆で投獄されるが、出獄後、合法的な選挙によって勢力を拡大し、１９３３年に首相となって、１９３４年にヒンデンブルグ大統領死去に伴って国家元首となる。首相就任後に他政党や党内外の政敵を弾圧して、指導者原理に基づく党と指導者による独裁体制を築いたために、独裁者の典型ということになった。

また、人種主義的思想（ナチズム）に基づき血統的に優秀なドイツ民族が世界を支配する運命を持つと主張し、強制的な同一化や血統を汚すとされたユダヤ人や障害者を弾圧、抹殺する政策を行った。さらにドイツ民族を養うために東方に生存権が必要であるということで領土拡大を行ったことでも有名である。

１９３９年のポーランド進行によってついに第二次世界大戦を引き起こすこととなった。この時に、ヒトラーは日本民族をとても高く評価し同盟を結んだ。そのため、いまでも日本人の中ではドイツに対しては同盟国の気持ちが高いといえる。お互い、列車の自国が守られたり、規律のしっかりした国民性をどこか遠くから信頼しあっている。しかし、戦争の歴史を振り返ると、仲良くすることを許されていない兄弟のようなものであろう。

ヒトラーの名前である、アドルフというのは「高貴な狼」という意味がある。当時は人気の名前であったが戦後にこの名前をつける者はいなくなったという。父アドリスは、靴職人の見習いから独学で税関の上級事務官にまでなった努力の人であった。アドリスの出生は不明であるため、時々ヒトラーのユダヤ人説が浮上する。

2010年にヒトラーの近親者から採取したDNAを分析した結果、西ヨーロッパ人には珍しいユダヤ人独特の染色体が見つかっている。ヒトラーにはユダヤの血が入っていたのではないかという疑惑はほぼ間違いがないとさえいわれているのが現代だ。

ヒトラーはどのような葛藤があって反ユダヤ主義に走ったのであろうか。その生い立ちから想像してみた。

まず、少年時代に父親とは仲がよくなかったという。父はヒトラーを認めておらず、少年時代から学校の退学を繰り返す手のかかる子どもであった。このようなこともあって、父とは何かとぶつかった。父はハプスブルグ家至上主義者であったために、その間逆のドイツ主義に心酔していったのかもしれない。

さらに、ヒトラーの人生は順風満帆ではなかった。まず、画家になりたくてウィーン美術アカデミーを受験したが不合格になった。

生活ができていなかったときには、名所の絵を描いた絵葉書を売って生きていた。特に、行ったことのない名所の絵を描くことを得意としていた。つまり、イマジネーションで具体的なものを作る能力はすでにこの時点で備えていたといえる。しかし、美術家としては優秀ではなかったため、今度は建築家を目指したが、その道はさらに難しいことに気づいた。「画家から建築家へ望みを変えてから、程なく私にとってそれが困難なことに気がついた。私が腹いせに退学した実業学校は卒業すべきところであった。建築アカデミーへ進むには、まず建築学校で学ばねばならなかったし、そもそも建築アカデミーは、中等教育を終えていなければ入校できなかった。どれも持たなかった私の芸術的な野心は危うくも潰えてしまった」と言い絶望した。

その後、再度美術アカデミーを受験したがまたしても失敗した。さらに、何も行く道がないため、1909~1913年の間、不労者の収容施設に入った。この4年間の間に図書館に通い、本をむさぼるように読んだ。収入といえば絵を売ることしかなかった。そのときに、絵を買ってくれていた画商がユダヤ人であった。このことからも後にユダヤ人を迫害する理由がまったくわからない。生き様を見ている限り、美術と建築の両方に対しての熱い思いを持っていたことはよくわかる。4年間本を読み漁ることで、言葉というものに対して頭の中に絵を描くことに加えて、巧みな言葉を選ぶ能力を身につけたのであろう。

いまの世の中であれば、言葉と映像というものが、必ず出てくるから想像させることはそうは難しくないであろう。しかし、映像のない時代に想像させることができたヒトラーがいまの時代に生きていればもっとすごいことができたかもしれない。今後すべての経営者に対して思うのは、頭の中の映像と言葉を両立させて実現のある言葉を使っていくことができれば不可能なことはないということである。

1914年には、徴兵逃れという理由でオーストリア当局に逮捕されている。そして本国に送還され、オーストリアの軍隊に登録させられたが、そこでの検査で軍人として不適格であると不合格にされた。ここまでの生き様だけ見ると人としてもすべてから拒否された。そして、ヒトラーは人間としても失格の烙印を押された。

その後、このままではいけないと、自ら志願してバイエルン王国の予備歩兵局に入営した。戦地でがんばったが、1918年にマスタードガスにより視力を失った。視力を失って生きていた間は本も読めず、絵も描けなかった。このことで一度は死んだも同然であった。ところが、数ヵ月後に奇跡が起きて突然に視力を回復した。このことにより、復活の大進撃が始まった。視力が回復することで第二の人生が始まり、自分のいままでとは違う人生を歩もうと考えたのであろう。その後、ヴァイマール共和国のスパイとなり、スパイ先のドイツ労働者党の党首アントンドレスラーのスパイをしていながら彼の理論に心酔してしまった。その結果、ドイツ労働者党に入党した。そして、ミュンヘン一揆により投獄。その5年間の間に「我が闘争」を執筆。その後は、独裁者の道をまっしぐらに歩むこととなった。

ヒトラーは不遇の人生の中に生きながら、物事に対しての進め方がきわだって現実的で、言葉の使い方が上手かった。

そしてそこには、相手を見下すことがなくリスペクトの言葉が多く見られた。ヒトラーの手法である、よくやった者をほめ、そうでない者には罰を与えること、それはあまりにも普通のことである。しかし、だれもがわかっていてできていないことだった。

アドルフ・ヒトラーは、聴衆に想像力を与え実現化する能力に長けた不遇な独裁者であった。

四十九年
一睡夢
一期栄華
一盃酒

上杉謙信（うえすぎけんしん）

1530 ― 1577

越後国の武将・戦国大名。
後世、越後の虎や越後の龍、軍神と称される。

やれるときに進まなくては機を逃す

ここに、織田信長と同じような世界観を詠んだもう一人の武将がいた。

「四十九年　一睡夢　一期栄華　一盃酒」

それは、上杉謙信の辞世の句である。

49年の私の人生も一睡の夢のようなもの。そしてまた、この世の栄華も一盃の酒ほどの楽しみでしかなかったと詠んだ。

謙信は信長と違いスピードを身上としたわけではなく、スピードを身上とすべき生き方をしていなかった自分に悔いて詠んだと思われる。というのはこの句を詠んだ時点で人生の晩年を送っている。信長が詠んだ辞世の句とは、彼が若くて血気盛んな桶狭間の戦いで詠んでいるところが異なっている。

逆に、謙信は信長に影響を受け、スピードを持って生きるべきであったということに気づいたわけである。ところが謙信のいる越後は地政学上どうしてもスピードが出せないエリアであった。厳しい渓谷や山々に閉ざされた地域がそうさせたのかもしれない。そして、謙信は物事に対する決定が遅かった。ただし、最終的にたどり着いたのは、スピードを求める辞世の句であった。謙信は最終的に後継者さえ決めることができなく、国が乱れた。さらに火葬も埋葬もできないという何事も後送りにするタイプであった。

同じ時代を生きた信長は、謙信を反面教師にした可能性さえある。謙信は元々力を持っており、手取川の戦いにおいて織田軍に圧倒的な勝利を治めた。その後、信長が桶狭間で今川軍を破ったわけであるが、同時に武田信玄と争っている姿を見て、おそらく謙信は武田軍と織田軍の戦いを終えた後に織田軍が京都に上洛して、その数年後に自らが都に上るのが勝負どころであると読んでいた。ところが、その頃には老いていた。あと数年が待てない状況であった。

命がそこまでもたない自分に気がついて、計画では自分が天下を取れる目があったにもかかわらず命が続かないという理由だけで天下は取れなくなった。誰にも与えられた50年ほどの命。そこでゲームスタートの時期を誤ったと思い、「一期栄華　一盃酒」と詠んだと思われる。要は酒の席の考えことの中では、天下を取ったのではないかと思う。そして、勝利の酒を「一盃酒」と詠んだ。ただし、あと数年という時間がなかったのであった。そのことを笑いながら、「俺に時間があったら天下は取れたであろう」という意味合いが辞世の句のなかに秘められている。

一方、信長は謙信が没するまで北陸には攻め入らなかった。それほど謙信の生きている間の実力を恐れたという。

夢か幻のように過ぎ去るのが人の一生である。今も変わらないこのような真実を、戦国武将たちはまざまざと見せつけてくれているのである。

上杉謙信は、
義理堅く、進んで天下を取りにいく欲のない
誠実で孤独な武将であった。

爆撃に
たふれゆく民の上を
おもひいくさとめけり身は
いかならむとも

天皇ヒロヒト（昭和天皇）

1901 ― 1989

日本の第 124 代天皇。

勝ちにつながる負け方がある

「爆撃に　たふれゆく民の上を　おもひいくさとめけり身は　いかならむとも」

木下道雄氏の宮中見聞録に書かれた昭和天皇の句である。

これは、死を覚悟して終戦を決めた昭和天皇、裕仁（ヒロヒト）の覚悟の句であった。

この句はまだ以下のように続く。

「身はいかになるとも　戦止めけり　ただ　ふれゆく民をおもひて」

「国からを　ただ守らんと　いばら道　進み行くとも　いくさ止めけり」

「外国（とつくに）と　離れ小島に残る民の　上安かれと　ただ祈るのみ」

木下道雄さんは、元侍従次長であり昭和天皇の肉声を『宮中見聞録』に残していた。これらは、この中に載せられた句である。

明治維新の頃の辞世の句の多くは、日本という国を守るとか、天皇のために命を尽くすというものが多いが、天皇の立場はそれ自体が日本そのものであることから異なる。

天皇が守るものは何かというと、最終的には国民を守るということになるのだろう。そのことがこれらの句からよくわかる。

昭和天皇は、１９０１年４月29日生まれ。大正天皇の第一皇子として生まれ、日本の第１２４代天皇。名は、裕仁、幼少時の称号は「迪宮（みちのみや）」である。１９８９年１月７日、十二指腸ガンにより吹上御所にて没する。

崩御された1月7日当日は、パリで行われていた化学兵器禁止国際会議の席上で１４９カ国の代表による黙祷が捧げられた。

その後の大喪の礼には１６４カ国もの国から参列者が訪れた。敗戦国ながらこの扱いには天皇自らの世界中に対して信頼があったからのことである。

裕仁は、歴代天皇の中で初めて国民に声を聞かせた天皇であり、即位後、軍部の暴走に悩まされ、1933年には国連脱退するなど波乱の時代を生きた。

政治スタイルとしては、たとえ不本意であっても内閣や軍部の決定は認める方針で動き、立憲君主制度の中では、内閣を重要視することを守り続けた。それゆえに戦争反対派ではありながら、内閣の大東亜戦争開戦の決定を拒否する権利は持っていなかった。ただ、そんな中でも、天皇として自分の意思を表したことが生涯の中で2回だけあった。

そのうちの1回が、二・二六事件。このときに、反乱軍の将校を正式に反乱軍として名指しをして事件をあっという間に終息させた。反乱軍が正規軍としてみなされないことから一気に終息したのであった。

もうひとつは、1945年ポツダム宣言を受諾するときに自らの意思で受諾をし、内閣を説得した。この時期は、内閣がまともに機能していないため、国の意思として天皇にすがるしかなかった。

このときまで天皇自身は自らの無力を嘆いていたという。

「いくさを　止め得ざりし口惜しさ　長そじになるいまも　なお思い」

さらに、昭和天皇が立派であったのは、戦争に負けた中で、負けたにもかかわらず戦後の大復興を遂げる原動力になったことだ。

負け方が勝ちにつながる負け方であったがゆえのこと。それは、どういったことかというと、負け方として先につなげるためには、国民に希望を与えることが大切である。

企業でいえば、事業で負けたときに、「社員のためを思って」など、将来へのビジョンを語ることによって、負けそのものを悔いるような経営者ではないことを示さなくてはならない。世の中にはどんなことでも勝ち負けは必ずある。だからこそ、負けたときのマネージメントの在り方を昭和天皇は示したと思う。

マッカーサー回想記によると、マッカーサーが天皇と会見したときに、さっそく命乞いに来たのかと思っていたが、陛下の口から出た言葉は、「私は国民が戦争にあたって、政治軍事両面で行った決定と行動に対し、それに対するすべての責任を負う者として、私自身をあなたを代表とする諸国の採決に委ねたい」であった。

自分の命の処分はお任せするので、国民を虐殺しないでほしいと嘆願したのである。

そのときマッカーサーは、「私は大きい感動にゆすられた。死を伴うほどの責任、それも私の知り尽くしている事実に照らして、明らかに天皇にきすべきではない責任を引き受けようとしている。この勇気に満ちた態度は私の骨の髄までも揺り動かした。私はその瞬間、私の前にいる天皇が個人の資格においても日本の最も最大の紳士であることを感じ取ったのである」と言った。

つまり、命乞いをしない、国民のためにという言葉によって、戦後日本はアメリカの占領からマッカーサーの信用と尊敬を勝ち取り、国を真の危機から救ったのである。

これこそ負け方の在り方に対して、昭和天皇は勝ちにつながる負け方をしたのである。それだけでなく、それは尊敬に値する行為でさえあった。

GHQによる食糧支援の始まりで、昭和天皇は皇室の財産目録を用意して対価としてマッカーサーに持っていくことも行った。天皇は国と民を救うべく皇室すべてを投げ打ったのであった。皇室の財産目録には、当然日本の成り立ちである三種の神器も含まれている。

もしその時点でその目録すべてを抑えられていたとしたら日本という国はなくなっていたかもしれない。このいさぎよさにマッカーサーは痛く感動して受け取りを辞退したという。

戦後、行幸として献身的に日本各地を回ったこ。このことで各地に活気を蘇らせ大復興のきっかけを作っていった。

天皇裕仁は、日本国民を国として尊敬を得たまま、後の世に引き継ぐという、行動に関してマネージメントリーダーとしての使命をまっとうした。

凡庸であったが、最後に命を投げ打った態度の素晴らしさで日本は救われたのである。

昭和天皇ヒロヒトは、
負け方の在り方を示した
日本で最も尊敬できる紳士であった。

馬鹿なことを言うな
最期の言葉なんてものは
充分に言い尽くさずに生きてきた
アホどもの言うことだ

KARL
MARX

カール・マルクス

1818 ― 1883

プロイセン王国（現ドイツ）出身。
イギリスを中心に活動した哲学者、思想家、
経済学者、革命家。

一切を否定するところに真実が見えてくる

ことごとく物事を否定して生きてきた男であった。神を否定し、資本主義を否定し、この世にある、ありとあらゆるものを否定して生きてきた。最後に辞世の句さえも否定した素晴らしい言葉が彼の辞世の句となった。

この男の名は、カール・ハインリヒ・マルクス。ドイツの哲学者で思想家。共産主義運動、労働者運動の理論的な指導者である。経済学者であるが、20世紀に世界に最も影響力を及ぼした思想家の一人である。世界の仕組みを変えようとして「資本論」を執筆。一部は変えられたが、後のソ連の崩壊などで資本主義のあり方自身が最期は否定された。

社会主義の思想という神すらも否定するところが多くの若者の心をつかんだ。彼の理論に影響されていない大学はなかったといえる。そして、だれもが一度は勉強させられるものであった。

親友にして同士でありかれの理解者であったフリードリッヒ・エンゲルスと共に包括的な世界観及び、革命思想を持って、科学的社会主義を打ち立てた。

この科学的社会主義では、資本主義の高度な発展により共産社会主義が到来する必然性を説いている。資本主義と社会主義は対極のように思われているが、彼は資本主義を否定しているわけではない。資本主義が高度に発展すれば次は社会主義がくると考えたものであった。それまでの経済学を全否定して、経済学批判による資本主義分析は彼の自著である「資本論」に書かれている。

1818年5月、プロイセン王国のトリーアに生まれる。父の家系は、代々ユダヤ経のラビ（聖職者）であったにも関わらず、父親は途中でキリスト教のプロテスタントに改宗する自由主義で弁護士でもあった。つまり、彼からすると自分の家がラビであるにも関わらずプロテスタントに変わる父を見て育つこととなる。そのようなこともあって、神という存在は本当にあるのかないのか悩み最後は否定したのである。

物事すべてを一切の原理から否定するところから彼の考え方の抽出がある。これは、経済学的に言うと非常に高度なマーケッティング手法だといえる。たとえば、ティッシュは鼻を拭くもの、パソコンは入力するためのもの、コーヒーは飲むためのものというのを否定するところから始める。この地球上のものは本当に実在しているのか、ここに見える黒い色は本当に黒なのか、一切を否定するところに実は真実が見えてくる。

彼の「資本論」がこれほどまでに世に受け入れられたのはコペルニクス的な発想の転換と否定をすることに関しての人類史上最大の人物であることによる。その否定の仕方によるエッセンスの抽出のされ方がマーケッティング的に起業家たちや経営者たちには必須の能力だと思う。

経理部長がいて、労務管理の部長がいて、東京と大阪に営業部隊を置くということを何も考えずに親から引き継いで行う人にはこのような夢のような発想はないであろう。否定の仕方も並大抵ではなく、存在そのものや使い方そのものの否定であった。

6歳で父親と同時にプロテスタントの洗礼を受ける。高校はギムナジウムという宿舎付の学校で学び、高校時代の論文は「職業の選択にさいしての一青年の考察」であった。このあたりも若い頃から思想家たる片鱗がうかがえる。その後、ボン大学、ベルリン大学、イエナ大学へと進学。彼の学位論文は「デモクリトスとエピクロスとの自然哲学の差異」であった。いわゆる、ヘーゲル左派の影響を受け、左翼的な思想であった。

すべてを否定をすることから始まっているため、自分の出身であるプロイセンさえも批判し始めた。そのためプロイセン王国から狙われるようになり、パリからベルギーに追放された。

28歳のときにブリュッセルでエンゲルスと共に、共産主義国際通信委員会を設立し、共産党宣言を起草する。いったんパリに戻るがフランスの2月革命により再度追われ、最後に彼を受け入れたのはイギリスであった。その後、ロンドンで「資本論」を執筆したのである。彼の人生は、国を追われてばかりの生き様であった。そして、彼の書いた論文と共産党宣言によって、今度は世界が動くこととなった。否定も貫き通すと真実になっていくことの証明であった。

やがて、この「資本論」が世界中の共産主義者の精神的主柱となっていった。

1883年ロンドンの自宅でイスに座ったまま逝去した。享年64歳。

「馬鹿なことを言うな最期の言葉なんてものは充分に言い尽くさずに生きてきたアホどもの言うことだ」

最後の最後まで否定した人生であった。しかし、否定から生まれるものがあることを教えてくれたのも彼であった。充分に言い尽くす先に何かがあることを知っているからこそ言える言葉である。

「資本論」の第一版は、彼が書いたが、第二版・第三版はエンゲルスが彼の残した遺稿によって書き上げられたものである。彼の考え方は、その時代における物質的生活の生産様式が社会の経済的機構、いわゆる社会的存在を形成して同時代の社会的、政治的、精神的生活処過程の一般つまり意識を規定するといった唯物史観として捕らえられた。簡単に言うと、経済活動のあり方とその変化こそが歴史を発展させる原動力であると考えたものであった。

彼は、「資本論」の中で資本主義に内在する様々な矛盾点や問題点を考察した。社会主義を進めるというよりも資本主義の否定から始まったために民衆にわかりやすかったといえる。資本主義は社会の生産性を高めるために必要的な段階と捉えたのである。恐慌や株の大暴落などは、共産主義への移行のための一過程であると捉えた。ただし、成熟した国は資本主義になる。そして、彼の中では、資本主義の究極形が社会主義であると考えていた。イギリスやフランス、アメリカが最後は社会主義になるであろうと書いたが、実際には、ことごとくはずれ、社会主義が成功したのは、ロシア、中国、キューバという資本主義の遅れた国であった。

彼のモットーは、「すべてを疑え」であった。彼は、何事も、マイナスをマイナスと捉えていなかった。

歴史を作る際の、悪い面こそ次のいい面を作る段階の過渡期である。物事のマイナス面をプラスに変える過程と捉えて、悩める民衆をリードしていったのである。たとえば、奴隷制度があり、大恐慌が起き、革命が起き、民衆からするともう世紀末のように絶望感が漂うが、彼の理論の中では次に進むための必須なこととなる。彼の「資本論」を読んだ人間は自分の国で起きた悪いことに関して、これはマイナスではないと希望的に次を目指すことができた。ということは、逆にかれの理論は世の中に絶望した人たちの希望になったといえる。この否定をプラスにする考え方はいいことであった。マーケッティング的に言うと、事業を失敗した、株価が落ちたというのはただの過程であって今後にとっていいことであるという新しい考え方を提案した。

彼が目指したのは戦争と暴力と争いのない世界、国境と軍隊をなくすことを最終的には考えていた。そして、単一世界連邦というのが社会主義の最終形としていた。彼がもう少し生きていれば、自分の「資本論」さえも否定するときがでてきたはずである。そして、もしそうなっていたら社会主義はもっと改善されていたに違いない。

カール・マルクスは、人間の解放を目指した20世紀における偉大な思想家である。

かかる時 さこそ命の
惜しからめ
かねて無き身と
思い知らずば

太田道灌（おおたどうかん）

1432 ー 1486

武蔵守護代・扇谷上杉家の家宰。
摂津源氏の流れを汲む太田氏。
江戸城を築城したことで有名。

適材適所が組織を強くする

太田道灌は、室町時代後期の武将であり、江戸城を築城したことで有名であるが、彼はひとつの時代の寵児ではない。

会社でいうと社長でもなく、専務でもない、普通の部長というのが正しい。さらに彼はできすぎて嫌われた人でもあった。どうやら他人をバカにするところがあったようだ。

どこの会社にもたまに、部下の中にずば抜けてできる人がいる。そういった人は、上司をバカにし、周りの人もバカにする。みなさんの身近にも、思い当たる人物がいることであろう。

さらに、道灌の活躍の地は都から離れた関東であったため、会社でいうと本社ではなく、支社にいる、よくできる部長といった印象である。

そして、彼はカリスマで、秀才で、言葉が美しかった。

「かかる時　さこそ命の　惜しからめ　かねて無き身と　思い知らずば」

これは刺客に槍で刺されたときに詠んだものである。

道灌が歌を好むことを知っている刺客は上の句を読んだ。

「かかる時さこそ命の惜しからめ」

道灌は傷を負いながら下の句を続けたという。

「かねてなき身と思い知らずば」

こんなときに言いたくはないけれども、自分は命を惜しいとはひとつも思っていない、それはもともと俺の命はないものだと思って生きてきたからだ。要は、完全燃焼してきたために何も惜しくはないと詠んでいるのである。さらに、この句はずっと以前から考えてあったのではないかと思われる。その瞬間が来たら言おうと暖めていたものではないかと美しい文体から想像できる。

上杉家の家老の立場であったが、上司は彼を使いきれなかった。結果、刺客を送ってきたのは自らの主人であったという。彼は上杉家といっても分家の家老であった。できすぎたがゆえに、本家からも疎まれて、自らの主人も部下が有名になりすぎたことを疎ましく思っていた。

そのような状態で道灌が何をするかというと仕事をせっせとこなすしかなかったと思われる。主のために働くというよりも何かを成し遂げたい気持ちが勝っていた。そのため、次から次へと偉業を成し遂げていった。

三国志では、諸葛孔明が自分を使いこなしてくれる主と出会えた運があった。ところが道灌のように自分に合う上司とめぐり合えないとこのような不幸が起きる。いつの時代でも、雇用主との関係でのトラブルはどこにでもあるが、道灌は自分の仕事ぶりが好きで上司を敬わない部分もあったのではないだろうか。そのような人をどう扱うかが組織での問題である。

彼は仕事に対しての美学を持っていた。それを活かしてあげるべく、死に場所にしても、刺客に狙わせるのではなく「お前はこの戦いで華々しく戦ってくれ」と言うと喜んで死ににいくタイプである。そういう場所を与え、その人の花道作りを行ってあげなくてはならなかったはずである。

たとえば、英語ができる。フランス語ができる。といった人材はたくさんいるが、適材適所と言う考え方で、その人を押さえ込むのではなく、花道を作るのがマネージメントの大事な部分である。

道灌はいつ殺されるかもわからない状況であったために腹が据わっていた。自分自身を上司が守ってくれない。だからといって才能を引っ込める気持ちはまったくなかった。そして、その結果、後世に名を残したのである。

一生懸命に仕事をする人間は世の中にたくさんいる。もし、方向性を間違えることがあったとしてもそのエネルギーをどういう風に活かしていくかが大事である。その人物が使えないから解雇するとか、左遷するというのはいいやり方ではない。結局、道灌を殺害した上杉家は北条早雲によって滅ぼされてしまったことからもわかる。なぜかというと、道灌のような優秀な部下を殺してしまうような上司は他の部下が命を賭けて守らないはずである。道灌を殺すことで自分も弱くなってしまった結果であった。使い切れないものを使わないことによって、そこに、居心地がいい状態が残るのではなく、自分自身がだめになっていくと考えたほうがいい。

そして、道灌の上の人を立てない才気ぶりは、幼少の頃から輪郭はあった。本来上司というのは、部下を長い間見ているわけであるから、突然、部下が頭角を現すことはないはずである。何らかの才気あふれるから頭角を現すわけである。

道灌が知恵があるばかりに、父親である資清（すけきよ）は、「お前は賢すぎるけど、足りないところがたくさんある」とさとした。「知恵がすぎれば、大儀に走り、知恵が足らねば災いを招く。例えれば、障子は直立してこそ役に立ち、曲がっておれば役に立たない」と障子を例に出して、あまりにも才能がありすぎて真っ直ぐ生きていても、知恵を出しすぎても立てないじゃないかと父親が言うと、鶴千代（道灌の幼名）は、屏風を持ち出して「屏風は直立しては倒れてしまい、曲がっていてこそ役に立ちます」と言い返したそうである。父が紙は一枚では立たないのだよと言ったことに対して曲げたら立つじゃないですかという理屈をこねたという。

別の逸話として、資清は筆をとって「驕者不久」（驕れるものは久しからず）と書いた。

すると鶴千代はこれに二字書き加え「不驕者又不久」（驕らざるものも久しからず）とした驕れるものは長くは生きられないと言ったことに対して、驕らない者も長くは生きられないと言い返したほど、ああ言えばこう言う人であった。

そんな彼の人生の中で唯一やり込められたことがあった。これまでは、父親であろうが、上司であろうがやり込めていたのに、たった一人の娘に負けたのである。

ある日、道灌が父を尋ねて越生の地に行ったときのこと、突然のにわか雨に遭遇し、農家で蓑を借りようと立ち寄った。その時、みすぼらしい農家から娘さんが出てきて、一輪の山吹の花を差し出した。道灌は、蓑を借りようとしたのに、花を出されてむっとしたという。

後でこの話を家臣にバカな娘がいたことを話したところ、「あなたは自分の知識の中でしか生きていないからその娘の言っている意味がわからなかったのだ」と言われた。

それはどういうことかというと、後拾遺和歌集の

「七重八重　花は咲けども 山吹の
　　　　実の一つだになきぞ悲しき」

の兼明親王の歌に掛けて、山間（やまあい）の茅葺きの家であり貧しく蓑（実の）ひとつ持ち合わせがないことを奥ゆかしく答えたのだと教わった。

自分は驕っていたということに気がついた。そして、古歌を知らなかった事を恥じて、それ以後道灌は歌道に励んだという。

マネージメント的に言うと才能に秀でた者には、上司から言いくるめるよりも別の才能を持った者をそばにくっつけることによって、自分のない部分に気がつき、触媒として違う存在をくっつけることで、新たな発見がある。それがみんなの利益に変わってくるはずである。

道灌は上司に逆らっているせいもあり、部下にも恵まれなかったのではないかと思われる。このことは、信長のように自分の部下を大量に動かしていたという逸話がひとつもないことからもわかる。本来は彼の下に人望の厚いタイプの人間をつけていれば上杉家はもっと繁栄したのではないかと思われる。大きい器というのは、決して相手を寛容するとか容認するとかではなく、相手のない部分を補ってあげる才能があるということだと思う。

そんな中、部下なしで彼が成し遂げた逸話がある。かつて道灌の家臣たちが謀反を起こしたときのこと、館にこもった謀反者に対し、突入前に、外から大声で「あの者は殺すな」と叫んだ。すると謀反を起

こした家臣たちが、もしかしたら自分だけ助かるのではないかとそれぞれが思い、みんなの士気が鈍り、またたくまに全員が滅ぼされたというのである。

もうひとつの逸話として、将軍足利義政には一匹のわがままなサルがいた。そのサルはいつも参内する大名たちに飛び掛ってはひっかいていた。しかし、将軍のサルであるためにだれも口出しができなかった。そこで、道灌は上洛し、御所に入る前にサル師に賄賂を渡して前日にサルに面会し、飛び掛ってくるサルをしたたかにビシビシと打ち続けた。将軍に会う当日は、彼は上杉家の分家の家老であるために、末席に座っていた。そして、予定通りサルは大暴れしていたが、道灌がにらむとサルは逃げていった。将軍は上杉に、

「彼が江戸城を造ったそちの家来か。名はなんと申す」

「太田道灌と申します」

その様子をその場の全員が見て、上杉の名前よりも太田道灌の名前を覚えたという。それ以来、将軍も道灌をかわいがり、諸大名も欲しがったという。

企業で言うと、現代にもこのタイプの人間は山ほどいる。なかなか認められずに生きてきた優秀な人たち、もしくは自分が優秀だと思い込んでいる独りよがりな人を含めて、これらの人をしっかり扱えるマネージメント力が必要になる。それができれば発展することができるであろう。

太田道灌は、
部下と上司にめぐまれなかった
才気ある一武将であった。

日本武尊

倭《やまと》は国のま秀《ほ》ろば
たたなづく青垣
山ごもれる
倭し
うるはし

日本武尊（やまとたける）

景行天皇 2 年 - 43 年

記紀に登場する皇子である。
第 12 代景行天皇の皇子。
第 14 代仲哀天皇の父。

相手の強さを活用する柔軟さが必要

日本武尊《やまとたける》は、多くの記紀に描かれる皇子である。『日本書記』、『先代旧事本記』では、日本武尊と書くが『古事記』においては倭建と書き、またの名を日本童男・倭男具那命《やまとをぐな》とも書かれていた。

『尾張国風土記』逸文と『古語拾遺』では日本武命、『常陸国風土記』では倭武天皇、『阿波国風土記』逸文では倭健天皇（または倭健天皇命）と書く。第十二代、景行天皇の皇子であり、国づくりの父と言われた第十四代、仲哀天皇の父とされている。

この時代にはまだ、辞世の句という観念がなかった。しかし、戦いに敗れ、死に面して故郷を思いながら詠んだ美しい響きを持った句を辞世の句としたい。

「倭《やまと》は　国のま秀《ほ》ろば　たたなづく青垣　山ごもれる　倭し　うるはし」

古事記の中にある「景行記」に、三重県の鈴鹿で詠んだ歌として載せられている（実際にはこの頃の歌はすべて漢字であるが発音に充てたあて字がたくさんある）。

古代において彼ほど多くの書物に書かれた人物は存在しない。正しく古代のスーパースターである。

なぜスーパースターであったかというと彼の人生そのものが日本の国づくりと相まって悲しい物語が多いことにある。

それはギリシャ神話のペルセウスの話に似ている。自分の親からその才能を疎まれて、次から次へと新たな戦いの場に連れて行かれるというのがあるがまさしく同じである。なぜそうなったかというと、才能にあふれ、美丈夫であったからといえる。

強くて美しく、父親にすら嫉妬される存在であった。それが故に常に戦いの最前線に駆り出された。

日本の在り方を考えたときに、おそらく渡来文化と異なる、縄文文化の倭文明というのが基調になっているはずである。これは非常に情緒豊かなものの考え方と渡来人がもたらした刺々しい機能的な言葉がミックスしたものである。そういう意味では「まほろば」というのは倭の言葉であり、縄文の言葉である。この美しい情緒を持った文化の基本となった国づくりのスーパースターが日本武尊であった。

複数の記紀に残された日本武尊は一人の人物であったかどうかさえも不明。しかし、その伝説の源になった人物は必ず存在したはずである。

この句の中にある「ま秀《ほ》ろば」という言葉の意味は、魂があの世に抜けるための穴の意味をなしている。ひとつの句の中に、自分の心はいつでも、「ま秀《ほ》ろば」を通じて麗しい倭（やまと）の国に飛んでいくよと詠んでいるのだ。

この「ま秀《ほ》ろば」という情感あふれた観念こそが日本人らしいものの考え方であり、どんな政治家であってもこのような感性あふれた言葉を発することでその人の生き様が文化の伝道師として後世に残っていくことになる。

さらに、自分独自の観念の中に持っている倭の言葉をふんだんに使っている。彼の中では倭そのものを表す自分の色をしっかり持っている。言い換えれば、日本民族において、優れたカルチャーを前面に出すことが民族の心に訴えるといったブランディングができていることになる。

『古事記』の中では、双子の兄を殺し、父親に恐れられた。この時の彼の年齢が15歳。16歳には九州の熊襲健《くまそたける》兄弟の討伐を命じられる。当時熊襲は大和朝廷の中でも最も恐れられた存在であったが、その地にわずかな軍勢で挑まされた。

邪馬台国は九州説と畿内説の二つの説があるが、勝手な解釈をするとおそらく二つの別の巨大な王国が九州と畿内の両方にあったのではと思われる。

そして、たまたま畿内が勝利したため、九州の王国を『日本書紀』などの書物においては野蛮な熊襲という表現にされているのではないかと考えることもできる。要は二大王国があったとすれば納得できることはたくさんあるはずだ。

戦いでは、日本武尊が与えられた軍勢はわずかであったため、彼は美少女に化け、熊襲健の宴の席に潜入し、熊襲の兄を斬り殺して弟の健にも刃を突き立てることで九州を平定した。

ここから想像できるのは本当に美少年であったことと、彼の強さと美しさに父の景行天皇はますます嫉妬したのではないかと思われる。『日本書紀』によれば、熊襲健は死に臨み彼の勇気を尊敬して健の名前を献上した（それまでは小碓命と名乗っていた）。

日本武尊命という名前は国づくりの名前である。

その名前を熊襲健からもらったことに対しても父の景行天皇はよいと思っていなかったであろう。その後、彼は出雲に追いやられ、出雲健を討ち、出雲を平定した。やっとの思いで西側を平定して倭に帰ってくると、今度は景行天皇により東方の蛮族の討伐を命じられた。この時に叔母である倭姫命を訪ね、「父は自分に死ねと思っておられるのか」と嘆いたという。この話を聞き、倭姫命は倭建命に伊勢神宮にあった神剣、草那芸剣（くさなぎのつるぎ）と袋とを与え、「危急の時にはこれを開けなさい」と言った。

そして東方征伐に出かけた彼は尾張国で美夜受姫と婚約して東国に赴く。実際に相模国で火攻めに遭うが、そこで袋を開けると火打石が入っており、草那芸剣で草を払い迎え火を点けて逆に相手を焼き尽くし、相模国を平定した。その後、その焼き尽くした野を焼遣（やきづ＝焼津）と名付けた。その功績を立てた後も彼は都に帰ることも拒まれ、次は上総を平定しろと命じられる。

進軍中に走水の海（横須賀市）で日本武尊の「こんな小さな海など一跳びだ」（『日本書紀』）と豪語した軽はずみな言動が海神の怒りを招く。海は荒れ狂い、船を進めることが不可能になった。この時に、后が自ら命に替わって入水し、波を収めた。入水の際に媛は火攻めに遭った時の夫の優しさを回想する歌を詠んでいる。

「さねさし相模の小野に燃ゆる火の火中に立ちて問ひし君はも」

姫は対岸に流れ着き、櫛を拾い御陵を造った。その後東国を平定したが、亡くなった妻を妻を思い、事あるたびに、「吾が妻は…吾が妻は…吾が妻は」と嘆いた。そこから東国のことを「吾妻《あづま》」と呼ぶようになったという。

『日本書紀』によると、その後、日本武尊は伊吹の神の化身である大蛇をまたいでしまったため、神に氷を降らされ、病身となり、三重県鈴鹿の地で亡くなった。当年30歳。亡骸は白鳥となって倭に飛んで行ったという。

日本武尊は、国づくりの時代のレジェンドであるが、ここには様々な倭というものの元々日本人にある心の故郷が彼の生き様の中に込められている。本来日本武尊は後の世でもっと多くの物語になっていてもいいはずである。

この機会に我々は、この時代にこれほど凄い人物が生きたことをさらに知っておくべきであろう。

日本武尊の生き様から学ぶべきことがある。

彼は与えられた命をすべてこなしている。もし、逆らっていれば王などは簡単に潰すことができたであろうはずであるのにである。忠実に命を守り、妻を大事にし、そして常に、日本の倭という国を考えて動いていた。目先の欲におごれることなく真っ直ぐに中期長期の計画を立てることができていた。

彼がぶれずに目的にまっしぐらに進んでいった部分と自分自身の立ち位置に関して、倭の民族ということを忘れることなく、かつ、各地で敵のいいところを取り込んでいっている。敵であれ、それがよければ取り入れていることは、名前をもらったことからもわかるであろう。相手の武器や強さをそのまま活用して自分のものにしている。相手の放った火を利用して相手を平定する。つまり敵の強さを取り込んで否定することなく自分のものとして吸収しながら大きくなってきているのだ。国づくりの主にはこのような素質が必要であろう。これは、成長し終わった日本のメーカーなどがビジネスの面でおごりすぎてきたことへの反省点となろう。海外の競合他社が抜いていこうが、相手が強くなればばるほど、それをリスペクトして取り込んでそれを武器にすることを日本武尊は教えてくれているのである。

日本武尊は、
倭のことを考えて国づくりに邁進した
古代のスーパースターであった。

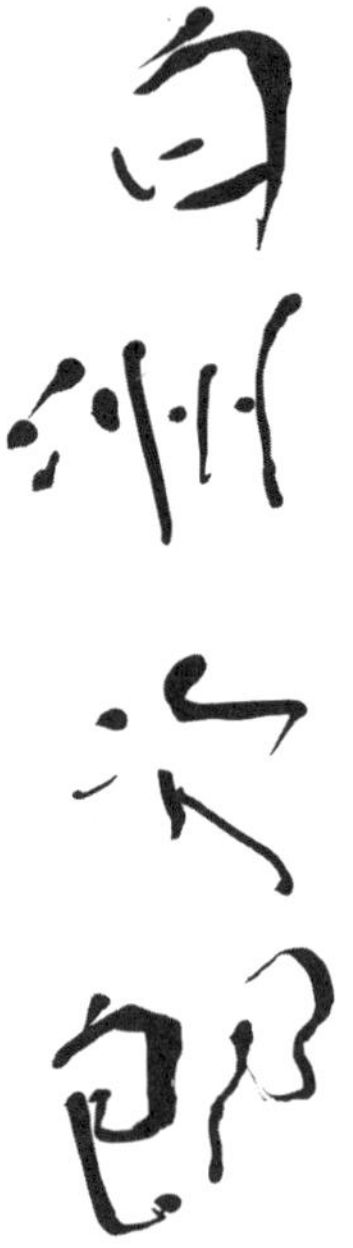

葬式無要
戒名不要

白洲次郎（しらすじろう）

1902-1985

官僚、実業家。
終戦連絡中央事務局次長、経済安定本部次長、貿易庁長官、
東北電力会長などを歴任した。

まだまだという謙虚さが進化させる

白洲次郎は、兵庫県の芦屋市で生まれ、1927年の世界恐慌前のパニックにより没落、留学中に家が破綻し、彼自身は貧乏であり、留学先のイギリスで放蕩を続けた。そんな次郎だが、その後、別の華々しい人生を送った。おそらく、ケンブリッジに留学しているときにイギリスで大きな人脈を手に入れ、イギリスの資本家と手を結んだと思われる。イギリスの会社が日本に進出するときに手数料をもらうなど、要はコミッション商売をしていたのであろう。

彼が、夫人の正子と子息に残した遺言書に記されていたのは、

「葬式無要、戒名不要」

これが白洲次郎の辞世の句となった。

この句の面白いところは、この言葉の中には一切彼の生き様が出ている。この世の中ですべてをスタートして終わりたい。彼の句には、次の世に対して、普通死して去る者に対しては生まれ変わったときや家族のことを思うなど未練が残る。彼の中には何かに頼ることはないのである。要はあの世に頼るというのは依存心があるからのこと、彼にはそんなことは想像さえできなかった。葬式不要ということはお坊さんにも頼らず、さらに、戒名不要ということは仏にさえも頼っていない。どのような偉い人間でも亡くなるときにはお坊さんを頼るものであるが、それさえ関係なかった。また、宗教というものは元気なときには無用なものであることを実践したともいえる。信心は心が弱ったときに頼るものであるが、死してなお心が強いのが彼であった。このぶれない気持ちが彼の生き様に現れており、後世に男の生き方としてひとつの手本になっている。

彼が有名なのは、イケメンであった、おしゃれであったというのは当たり前であった。しかし、本当の姿は、終戦のときに終戦連絡中央事務局の参与を務めたことにある。いわゆるGHQとの憲法草案作成に関わった人物である。いまの日本国憲法におけるアメリカとの交渉

の防波堤になった人物でもある。当時、マッカーサー元帥が、「唯一私に逆らう日本人だ」と言ったほどであった。

彼の経歴自身がまず面白い。

日本で幼少期を過ごして、旧制第一神戸中学生のときに10歳年上の宝塚歌劇団の生徒恋仲になったこともあった。その後、イギリスのケンブリッジ大学クレア・カレッジに留学した。このときに世界の宗主国であるイギリスの中において、貴族階級のひとたちとの人脈を築いていったのである。ケンブリッジ大学では7代目のストラッドフォード伯爵、ロビンロバート氏などど終生の友人となることができた。イギリスの伯爵と友人になるということは、おそらく大きな人脈を手に入れることになる。そのような状況の中で彼の人生観は日本にはなかったのではないかと思われる。その様子がこの句の中にも現れていると思われる。

そぎ落とされた無駄のない事務的な言葉遣いがマッカーサー元帥に対しても使われた。また、彼はお山の大将ではなく一匹狼であったのではないだろうか。しかし、日本と言う国を愛していたことはGHQが作った日本国憲法草案での戦いぶりをみるとよく現れている。マッカーサー元帥に対して、「日本は裁判には負けたが奴隷ではない」と言い放った。そして、彼は日本国憲法に対して決して満足しているわけではなく、憲法を作ったときに屈辱のあまり涙を流したという。自分の経歴の中で日本国憲法を作ってくれた神様のような人だと本屈辱のあまり涙を流したという。自分の経歴の中で日本国憲法を作ってくれた神様のような人だと本などでよく書かれているが、そのことに関しては、作った憲法のできの悪さに嘆いているのである。世間の評価では、憲法を作った吉田茂の懐刀と言われるのは、彼の中では辛かった。

そのこともあり戒名は不要となった。自分はそんなにすごいことをやった男ではない。まして、死して憲法を作ってくれてありがとうと人が集まるのは本意ではないというのが本心であろう。ＧＨＱが作った憲法は、ＣＩＡの前身であるＯＳＳが占領後の日本の政策を定めて作ったものである。ＧＨＱがたった1週間で作った憲法を彼に持ってきた。そのときにホイットニー准将に対して「一国の憲法を1週間で作ったと自慢するとは何事か」と噛み付いた。また、ホイットニー准将の夫人が自分たちの仲間に対して自慢げに「息子がアメリカから日本に1週間遊びに来たから、日本国憲法の1項目を書かせたのよ」と吹聴していた。このことに関しても「一国の憲法をどのように考えているのか」と怒鳴ったという。これらのいきさつから日本はこけにされているという気持ちを持っていたのも事実であった。彼は自分実であった。

彼は自分が達成したものであってもこけにされた中でしかできていないということで自分に対して卑下した。ビジネスでいうと、彼が愛されているのはそこの部分である。ビジネス的な話で、物事を達成した人、たとえば本田総一郎さんや松下幸之助さんのように、上に立つ人はすべて、自分を認めていない、死して周りが認めるだけである。自分は偉いだろうと思い込んでいる人は中途半端な人で、後世に名が残らない。彼の価値観の素晴らしさは、「俺なんてたいしたことない。まだまだやることはたくさんある」という意識の中で、どの立場に立とうが、吉田茂の懐刀であろうが、マッカーサー元帥とやり合おうが（後に東北電力の会長を務めるなど多くの企業の役員を歴任したが）、どの時代でも「俺なんてまだまだ」と考えていた。そういう人間でないと進化はないということが辞世の句の中からも読み取れる。

自分の作ったＧＨＱの日本国憲法に関してもいつの世か誰かに変えてもらいたいと思っていたに違いない。自分を変えることのできない、他人も帰ることができない。彼は、自分は変えることができたが、他人や国を動かして変えることはできなかった。その無念さもこの句の中変えることができたが、他人や国を動かして変えることはできなかった。その無念さもこの句の中に現れている。

天皇制を「シンボル」という言葉で、ＧＨＱの草案の中では表記されたわけだが、外務省の翻訳家であった尾畑氏が「なんだこのシンボル」というのは、と次郎に聞いた。彼は、「象徴」と約せばいいとした。結局二人はたった一晩で憲法を翻訳した。そのときに使った、「象徴」という言葉がいまに生きているし、限界ぎりぎりの素晴らしい表現であった。しかし、彼自身この「象徴」という言葉に対して、何という意味不明な立場なのだろうと言っていた。そして、このような憲法を押し付けられる日本人に涙した。この憲法を翻訳して帰宅したその日に、「監禁して、強姦されたが、相の子が生まれた」と言った。おそらく感性のままに生きていた彼のこの気持ちがここにあったに違いない。

この句を読む限り彼は、まだ自分のことが好きではなかった。まだ達成感もない。しかし、句としては完成されていて「俺はその程度の人間であるが、俺のやってきたことに対する続きを誰かがやってくれ。自立した日本になってほしい。ついてくるヤツたちは、この句を見て、そ句を見て、それぞれの人間が小さなところで満足することなく、まだまだであれ。常に危機感を持って、仕事、勉強、遊び、この世に生きている間に100%の力を使いきって生きてくれ」というメッセージが込められていることを私たちは忘れてはならないだろう。

彼から言わせると日本の政治は成熟もしていないところが情けない。政治力は長けていたにもかかわらず、生涯、政治家にはならなかった。それは彼の教養の高さのなせる業であったのではないであろうか。

白洲次郎は、
80歳を超えてからもポルシェを乗り回す
大人の生き方の手本を示した男であった。

あとがき

歴史というものは生き物である。

生き物である限り、様々な面を持つ。

眠っている時もあれば、活動している時もある。

そして、見ようによっては猛獣にも見え、また別の角度から見ればとても愛らしく見える。

いまの世の中において、歴史というものに対しての認識が教科書に書かれているような画一的なものではないということを読者の方に知ってもらいたい。

歴史そのものにおける捉え方は、常に勝者の理論になりがちなものである。勝った方が歴史に関して様々な賞賛の言葉を含んでいく訳であるが、実際の歴史とは負けた方にもあるわけである。そしてそれらはどちらも正しいと言えよう。

本書において、様々な興味深い内容と個人的な見解を述べてはいるが、本当に知ってもらいたいのはものの見方そのものが様々な方向性があり、それぞれの生き方に輝く部分が散りばめられているということについて読者の皆さんが感性を持って見る技術をつけられると、その生き物そのものが、皆さんのそばにずっと未来永劫、自分自身そして、他人を含むすべての社会の中にある何かを得ることができると私は信じています。

高橋フィデル